학교 내 갈등,
이렇게 해결하세요

학교 내 갈등,
이렇게 해결하세요

최우성 지음

BM (주)도서출판 성안당

서문

　오늘날 학교는 더 이상 단순한 교육의 장소에 머물지 않습니다. 학교는 학생들이 사회성을 기르고, 다양한 인간관계를 형성하며, 자신을 이해하고 타인을 존중하는 법을 배우는 중요한 장입니다. 그런데 이러한 과정에서 갈등이 불가피하게 발생합니다. 갈등은 때로는 성장을 위한 계기가 되기도 하지만, 잘못 다루어진 갈등은 깊은 상처와 분열을 초래할 수도 있습니다. 그렇기에 학교 내 갈등 해결은 우리 교육자들이 반드시 해결해야 할 과제입니다.

　저는 일선 학교 교사 시절, 학교 폭력, 교권 및 인권과 관련된 다양한 갈등 상황을 직접 접하며 대처하는 능력을 키웠습니다. 그 경험들은 저에게 갈등 해결의 중요성을 깊이 깨닫게 했습니다. 이후 학교 폭력 전담 장학사로 근무하는 동안, 다양한 학교 폭력 사안을 접하며 관련 당사자들과의 만남을 통해 갈등을 중재한 경험이 많이 쌓였습니다. 이러한 실무 경험을 바탕으로, 학교 내 갈등 해결과 관계 회복을 위한 구체적이고 실천적인 방법을 이 책에 담아내고자 하였습니다.

1장에서는 관계 회복과 갈등 중재의 개념과 중요성을 설명하며, 학교 폭력과 교권 침해, 학생 인권 침해 사례를 통해 현실적인 문제들을 짚어 봅니다. 2장에서는 다양한 갈등 해결 접근법을 다루며, 응보적 정의와 회복적 정의의 가능성과 한계를 비교합니다. 3장에서는 회복적 정의를 통한 학교 내 갈등 해결 방안을 구체적으로 제시하며, 회복적 생활교육의 중요성을 강조합니다. 4장에서는 학교 폭력의 신속하고 효과적인 해결을 위한 구체적 실천 방안을 제안합니다. 5장에서는 가상 사례를 통해 갈등 중재의 실제 적용 방법을 보여 주고, 6장에서는 갈등 해결을 위한 마무리 단계에서의 중요 포인트를 살펴봅니다. 마지막으로 7장 부록에서는 다양한 참고 자료와 실제 사례를 통해 독자들이 현실적인 도움을 받을 수 있도록 구성하였습니다.

갈등은 피할 수 없는 것이지만, 이를 어떻게 해결하느냐에 따라 학생들의 미래가 달라질 수 있습니다. 이 책이 더 나은 교육 환경을 만들기 위한 작은 밑거름이 되기를 바랍니다. 학교 내 갈등을 해결하고, 관계를 회복하여 모두가 행복한 학교를 만들어 가는 여정에 여러분과 함께할 수 있기를 진심으로 기대합니다.

감사합니다.

최우성

차례

1.
학교 내 갈등의 이해

2.
학교 내 갈등의 해결을 위한 접근

3.
회복적 정의와 학교 내 갈등 해결

4.
학교 내 갈등 해결을 위한
구체적 실천 방안

5.
갈등 중재 가상 사례

6.
갈등 해결을 위한 마무리

7.
부록

1.

학교 내 갈등의 이해

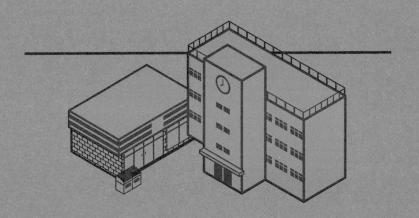

관계 회복의 개념과 중요성

관계 회복이란 무엇인가?

관계 회복은 갈등으로 인하여 훼손된 관계를 회복하는 과정입니다. 갈등을 겪게 되면 당사자들은 서로를 이해하지 못하고, 신뢰가 무너지며, 감정적으로 상처 받게 됩니다. 관계 회복은 갈등의 이러한 피해를 치유하고, 당사자들이 다시 서로를 존중하며, 협력할 수 있는 관계를 회복하는 것을 목표로 합니다.

관계 회복의 3요소

관계 회복은 다음과 같은 세 가지 요소를 포함합니다.

❶ **피해 회복:** 피해 당사자가 받은 피해를 회복하는 과정입니다. 피해 회복은 피해자의 상처를 치유하고, 자존감을 회복하는 데 도움이 됩니다.

❷ **책임 수용:** 가해자가 자신의 잘못을 인정하고, 책임을 지는 과정입니다. 책임 수용은 가해자의 반성을 촉진하고, 재발을 예방하는 데 도움이 됩니다.

❸ **관계 재건:** 당사자들이 갈등 이전의 관계를 회복하는 과정입니다. 관계 재건은 당사자들이 서로를 이해하고, 신뢰를 회복하는 데 도움이 됩니다.

관계 회복의 중요성

관계 회복은 다음과 같은 이유로 중요합니다.

❶ **갈등의 근본적인 해결책:** 관계 회복은 갈등의 피해를 치유하고, 갈등 당사자들이 서로를 이해하며, 협력할 수 있는 관계를 회복함으로써 갈등의 근본적인 해결책을 제공합니다.

❷ **사회적 통합의 기반:** 관계 회복은 갈등으로 인하여 분열된 사회를 통합하는 기반을 마련합니다.

❸ **개인의 성장과 발전:** 관계 회복은 갈등 때문에 상처를 받게 된

개인의 성장과 발전을 돕습니다.

학교 현장에서의 관계 회복

학교 폭력, 교권 침해, 학생 인권 침해 등은 요즘 학교 현장에서 갈등이 증폭되고 있음을 보여 주는 사례들입니다. 이러한 갈등을 잘 해결하기 위해서는 관계 회복이 필수적입니다.

학교 현장에서의 관계 회복을 위해서는 다음과 같은 노력이 필요합니다.

❶ **관계 회복에 대한 인식 제고:** 교사, 학생, 학부모 등 학교 구성원들이 관계 회복의 중요성을 인식하고, 관계 회복을 위한 노력에 동참해야 합니다.

❷ **관계 회복 교육과 훈련:** 교사와 학생을 대상으로 관계 회복에 대한 교육과 훈련을 실시하여, 관계 회복을 위한 역량을 강화해야 합니다.

❸ **관계 회복 프로그램의 개발 및 운영:** 학교 폭력, 교권 침해, 학생 인권 침해 등 다양한 갈등 상황에 맞는 관계 회복 프로그램을 개발하고, 이를 체계적으로 운영해야 합니다.

학교 현장에서 관계 회복이 활성화된다면, 갈등의 피해를 극복하고 갈등 당사자들이 서로 이해·협력할 수 있는 관계를 회복함으로써, 학교가 보다 안전하고 행복한 공간으로 거듭날 수 있을 것입니다.

관계 회복의 실천 방안

관계 회복은 갈등 당사자들이 직접 만나서 대화하며, 서로의 입장을 이해하고, 합의점을 찾는 과정을 통해 이루어집니다. 관계 회복을 실천하기 위해서는 다음과 같은 방법을 활용할 수 있습니다.

❶ **대화:** 갈등 당사자들이 서로의 입장을 이해하고, 합의점을 찾기 위해서는 대화가 필수적입니다. 대화는 갈등의 원인을 파악하고, 서로의 감정을 표현하는 데 도움이 됩니다.

❷ **공감:** 갈등 당사자들이 상대방을 이해하기 위해서는 공감이 필요합니다. 공감은 갈등 당사자들의 입장을 있는 그대로 받아들이고, 그들의 감정을 이해하는 태도를 말합니다.

❸ **용서:** 갈등 당사자들이 화해하기 위해서는 용서가 필요합니다. 용서는 피해자가 가해자를 용서하는 것뿐만 아니라, 가해자가 자신의 잘못을 인정하고 피해자에게 사과하는 것까지도 포함합니다.

관계 회복은 갈등을 해결만 하는 과정이 아니라, 갈등을 넘어서 관계를 회복하는 과정입니다. 관계 회복을 위해서는 갈등 당사자들의 진정성 있는 노력과 함께, 학교와 사회의 적극적인 지원이 필요합니다.

관계 회복의 원리와 과정

관계 회복의 원리

관계 회복은 갈등의 피해를 치유하고, 당사자들이 서로를 존중하고 협력할 수 있는 관계를 회복하는 것을 목표로 하는 과정입니다. 이러한 관계 회복의 원리는 다음과 같습니다.

❶ **존중과 배려:** 관계 회복은 갈등 당사자들을 존중하고 배려하는 가운데 이루어집니다. 그러므로 갈등 당사자들은 서로의 입장을 이해하고, 감정을 존중하는 태도를 가져야 합니다.

❷ **책임과 용서:** 관계 회복은 갈등 당사자들이 자신의 책임을 인정하고, 상대를 용서하는 과정 중에 이루어집니다. 가해자는 자신의 잘못을 인정하고 피해자에게 사과해야 하며, 피해자는

가해자를 용서하기 위해 노력해야 합니다.

❸ **회복과 성장:** 관계 회복은 갈등의 피해를 회복하고, 갈등 당사자들이 성장하는 가운데 이루어집니다. 갈등 당사자들은 갈등으로 인해 받은 상처를 치유하고, 더 나은 사람이 되기 위해 노력해야 합니다.

관계 회복의 과정

관계 회복의 과정은 다음과 같습니다.

❶ **준비 단계:** 관계 회복에 참여하기로 결정한 갈등 당사자들이 직접 만나서 관계 회복의 목표와 기대를 공유합니다. 그리고 관계 회복을 진행할 중재자 또는 조정자를 선정합니다.

❷ **대화 단계:** 갈등 당사자들은 중재자 또는 조정자의 도움을 받아 서로의 입장을 이야기하고, 감정을 표현합니다. 이 단계에서는 갈등의 원인을 파악하고, 갈등에 대한 이해를 높이는 데 중점을 둡니다.

❸ **합의 단계:** 갈등 당사자들이 대화를 통하여 도출한 합의점을 구체화합니다. 합의에는 갈등의 피해를 회복하고, 관계를 재건하기 위한 구체적인 행동 계획을 포함해야 합니다.

❹ **이행 단계:** 갈등 당사자들이 합의한 내용을 이행합니다. 이행 과정에서 어려움이 발생하면, 중재자 또는 조정자의 도움을 받을 수 있습니다.

❺ **평가 단계:** 갈등 당사자들의 관계 회복 과정을 평가합니다. 평가를 통해 관계 회복의 효과를 확인하고, 필요한 경우 추가적인 노력을 기울입니다.

관계 회복은 갈등의 근본적인 해결책을 제공하는 효과적인 방법입니다. 관계 회복을 통하여 갈등의 피해를 치유하고, 갈등 당사자들이 서로를 이해하며 협력할 수 있는 관계를 만들 수 있습니다.

갈등 중재의 개념과 중요성

갈등 중재란 무엇인가?

갈등 중재는 갈등 당사자들이 스스로 합의점을 찾을 수 있도록 도와주는 과정입니다. 당사자들은 합의점을 찾기 위해 노력하는 도중에 갈등의 감정이나 상황 등으로 인하여 어려움을 겪을 수 있습니다. 갈등 중재는 이러한 어려움을 해결하고, 당사자들이 스스로 갈등을 해결할 수 있도록 지원하는 역할을 합니다.

갈등 중재의 3요소

갈등 중재는 다음과 같은 세 가지 요소를 포함합니다.

❶ **중재자:** 갈등 당사자들을 중재하는 역할을 합니다. 중재자는 중립적인 입장에서 갈등 당사자들을 돕습니다.

❷ **갈등 당사자:** 갈등의 주체입니다. 중재자의 도움을 받아 스스로 합의점을 찾습니다.

❸ **합의:** 갈등 당사자들이 서로 합의한 내용입니다. 합의에는 갈등의 해결을 위한 구체적인 행동 계획을 포함합니다.

갈등 중재의 중요성

갈등 중재는 다음과 같은 이유로 중요합니다.

❶ **갈등의 효과적인 해결:** 갈등 중재는 갈등 당사자들이 스스로 합의점을 찾을 수 있도록 지원함으로써 갈등을 효과적으로 해결합니다.

❷ **갈등 당사자들의 권리 보호:** 갈등 중재는 갈등 당사자들의 권리를 보호합니다. 중재자는 중립적인 입장에서 당사자들을 돕기 때문에, 어느 한쪽의 편을 들지 않습니다.

❸ **갈등 해결 역량의 강화:** 갈등 중재는 갈등 당사자들의 갈등 해결 역량을 강화합니다. 갈등 중재 과정을 통해 갈등 해결에 필요한 기술과 지식을 습득할 수 있습니다.

갈등 중재의 원리와 절차

갈등 중재의 원리

갈등 중재는 갈등의 합의점을 찾기 위한 과정 중에 어려움을 겪는 갈등 당사자들을 도와주고, 당사자들이 스스로 갈등을 해결할 수 있도록 지원하는 역할을 합니다. 이러한 갈등 중재의 원리는 다음과 같습니다.

❶ **중립성:** 중재자는 중립적인 입장에서 갈등 당사자들을 돕습니다. 중재자는 한쪽의 편을 들지 않고, 당사자들 모두에게 동등한 기회를 제공합니다.

❷ **자율성:** 갈등 당사자들이 스스로 합의점을 찾도록 지원합니다. 중재자는 당사자들에게 어떠한 강요도 하지 않으며, 그들

스스로 합의점을 찾을 수 있도록 지원합니다.

❸ **합의 추구:** 갈등 당사자들이 서로 합의점을 찾도록 노력합니다. 중재자는 당사자들이 서로의 입장을 이해하고, 타협할 수 있도록 돕습니다.

갈등 중재의 절차

갈등 중재의 절차는 다음과 같습니다.

❶ **접촉:** 갈등 당사자들과 접촉하여 갈등 중재의 가능성을 타진합니다. 중재자는 당사자들의 동의를 얻은 후에 갈등 중재를 진행합니다.

❷ **준비:** 갈등 당사자들이 갈등 중재에 참여하기 위한 준비를 돕습니다. 중재자는 당사자들에게 갈등 중재의 개념과 절차를 설명하고, 갈등 중재에 참여할 때의 기대와 우려에 대하여 이야기 나누도록 합니다.

❸ **중재:** 갈등 당사자들이 서로 대화를 통해 합의점을 찾도록 돕습니다. 중재자는 당사자들의 입장을 경청하고, 서로의 입장을 이해할 수 있도록 지원합니다. 또한, 갈등 당사자들이 타협에 이를 수 있도록 돕습니다.

❹ **합의:** 갈등 당사자들이 합의한 내용을 확인합니다. 합의에는 갈등의 해결을 위한 구체적인 행동 계획을 포함합니다.

❺ **이행:** 갈등 당사자들이 합의한 내용을 이행합니다. 중재자는 당사자들이 합의한 내용을 이행할 수 있도록 돕습니다.

갈등 중재는 갈등의 피해를 최소화하고, 갈등 당사자들이 서로를 이해하고 협력하는 관계를 회복할 수 있는 효과적인 방법입니다.

학교 폭력 사례

(1) 학교 폭력 사례를 통한 관계 회복

학교 폭력은 학교 내·외에서 발생하는 폭력으로, 신체적 폭력, 언어적 폭력, 사이버폭력, 집단 따돌림 등이 포함됩니다. 학교 폭력은 갈등의 한 형태로 볼 수 있으며, 갈등 당사자들의 관계를 심각하게 훼손할 수 있습니다. 따라서 학교 폭력을 해결하기 위해서는 갈등 당사자들의 관계 회복이 필수적입니다.

다음은 학교 폭력 사례를 통한 관계 회복에 대한 가상 사례입니다.

가상 사례

A 중학교 2학년 B 학생은 C 학생에게 지속적으로 언어 폭력

을 당하고 있었습니다. B 학생은 C 학생의 말에 상처를 받고 학교에 가기 싫어하는 등 일상생활에 어려움을 겪었습니다. 학교에서는 B 학생과 C 학생을 대상으로 관계 회복 프로그램을 진행하기로 하였습니다.

관계 회복 프로그램

관계 회복 프로그램은 다음과 같은 순서로 진행되었습니다.

❶ **준비 단계:** B 학생과 C 학생은 만나서 관계 회복 프로그램의 목표와 기대를 서로 공유하였습니다. 또한, 관계 회복을 진행할 중재자를 선정하였습니다.

❷ **대화 단계:** B 학생과 C 학생은 중재자의 도움을 받아 서로의 입장을 이야기하고, 감정을 표현하였습니다. 이때 갈등의 원인을 파악하고, 갈등에 대한 이해를 높이는 데 중점을 두었습니다.

❸ **합의 단계:** B 학생과 C 학생은 대화를 통해 도출한 합의점을 구체화하였습니다. 합의에는 갈등의 피해를 회복하고, 관계를 재건하기 위한 구체적인 행동 계획을 포함하였습니다.

❹ **이행 단계:** B 학생과 C 학생은 합의한 내용을 이행하였습니다. 이행 과정에서 어려움이 발생하면, 중재자의 도움을 받을 수 있었습니다.

관계 회복의 과정

B 학생과 C 학생은 관계 회복 프로그램에 참여하면서 상대방의 입장을 이해하고, 갈등의 원인을 파악할 수 있었습니다. 또한, 갈등에 대한 이해를 높이고, 합의점을 찾을 수 있었습니다.

B 학생은 C 학생이 자신을 괴롭힌 이유를 알게 되었고, C 학생은 자신의 잘못을 인정하고 B 학생에게 사과하였습니다. B 학생은 C 학생의 사과를 받아들이고 두 사람은 서로를 이해하였습니다.

관계 회복의 결과

B 학생과 C 학생은 관계 회복 프로그램을 통해 관계를 회복할 수 있었습니다. 두 사람은 다시 친한 친구가 되었고, 학교생활에 잘 적응하고 있습니다.

관계 회복과 갈등 중재의 중요성

학교 폭력은 갈등의 한 형태로 볼 수 있으며, 갈등 당사자들의 관계를 심각하게 훼손할 수 있습니다. 이 학교 폭력을 해결하기 위해서는 갈등 당사자들의 관계 회복이 필수적입니다.

관계 회복은 갈등의 피해를 치유하고, 당사자들이 서로를 이해하며 협력할 수 있는 관계를 회복하는 것을 목표로 합니다. 관계 회복을 통해 갈등의 피해를 최소화하고, 갈등 당사자들이 건강한 관계를 형성할 수 있습니다.

(2) 학교 폭력 사례를 통한 갈등 중재

가상 사례

A 초등학교 2학년 B 학생은 C 학생에게 지속적으로 신체 폭력을 당하고 있었습니다. B 학생은 C 학생의 폭력에 두려움을 느끼고, 학교에 가기 싫어하는 등 일상생활에 어려움을 겪었습니다. 학교에서는 B 학생과 C 학생을 대상으로 갈등 중재를 진행하기로 하였습니다.

갈등 중재 프로그램

갈등 중재는 다음과 같은 순서로 진행되었습니다.

❶ **접촉:** B 학생과 C 학생은 만나서 갈등 중재의 목표와 기대를 서로 공유하였습니다. 또한, 갈등 중재를 진행할 중재자를 선정하였습니다.

❷ **준비:** B 학생과 C 학생은 중재자의 도움을 받아 서로의 입장을 이야기하고, 감정을 표현하였습니다. 이 과정에서는 갈등의 원인을 파악하고, 갈등에 대한 이해를 높이는 데 중점을 두었습니다.

❸ **중재:** B 학생과 C 학생은 중재자의 도움을 받아서 상대방의 입장을 이해하고, 갈등의 원인을 파악할 수 있었습니다. 또한, 갈등에 대한 이해를 높이고, 합의점을 찾을 수 있었습니다.

B 학생은 C 학생이 자신을 괴롭힌 이유를 알게 되었고, C 학생은 자신의 잘못을 인정하고 B 학생에게 사과하였습니다. B 학생은 C 학생의 사과를 받아들이고, 두 사람은 서로를 이해하였습니다.

❹ **합의:** B 학생과 C 학생은 대화를 통해 도출한 합의점을 구체화하였습니다. 합의에는 갈등의 피해를 회복하고, 관계를 재건하기 위한 구체적인 행동 계획을 포함하였습니다. 두 학생의 합의 내용은 다음과 같습니다.

• C 학생은 B 학생에게 사과하고, 앞으로는 B 학생을 괴롭히지 않겠다고 약속합니다.
• B 학생은 C 학생의 사과를 받아들이고, C 학생을 용서합니다.
• B 학생과 C 학생은 서로를 이해하고, 친구가 되기로 합니다.

❺ 이행: B 학생과 C 학생은 합의한 내용을 이행하였습니다. 이행 과정에서 어려움이 발생하면, 중재자의 도움을 받을 수 있었습니다.

갈등 중재의 결과

B 학생과 C 학생은 갈등 중재를 통해 관계를 회복할 수 있었습니다. 두 사람은 다시 친구가 되었고, 학교생활에 잘 적응하고 있습니다.

갈등 중재의 중요성

학교 폭력은 갈등의 한 형태로 볼 수 있으며, 갈등 당사자들의 관계를 심각하게 훼손할 수 있습니다. 이 학교 폭력을 해결하기 위해서는 갈등 당사자들의 관계 회복이 필수적입니다.

갈등 중재는 당사자들이 스스로 합의점을 찾을 수 있도록 도와주는 과정입니다. 갈등 중재를 통해 갈등의 피해를 최소화하고, 갈등 당사자들이 서로를 이해하며 협력할 수 있는 관계를 회복할 수 있습니다.

교권 침해 사례

최근에 교권 침해가 심각한 사안은 관계 회복이나 갈등 중재로 해결되기보다, 주로 교권보호위원회에서 처리됩니다.

(1) 교권 침해 사례를 통한 관계 회복

교권 침해는 교사의 권한을 침해하는 행위를 말합니다. 교권 침해는 교사의 안전을 위협하고, 교육의 질을 저하하는 심각한 문제입니다. 그렇기 때문에 교권 침해 문제를 해결하기 위해서는 교사와 학생의 관계 회복이 필수적입니다.

다음은 교권 침해 사례를 통한 관계 회복에 대한 가상 사례입니다.

가상 사례

A 중학교 2학년 B 학생은 C 선생님에게 지속적으로 교권 침해를 일삼았습니다. B 학생은 C 선생님에게 폭언을 하거나, 무시하는 행동을 하였으며, 심지어는 물리적인 폭력을 행사하기도 하였습니다. C 선생님은 B 학생의 교권 침해로 인하여 정신적, 육체적 고통을 겪었습니다.

학교에서는 B 학생과 C 선생님을 대상으로 관계 회복 프로그램을 진행하기로 하였습니다.

관계 회복 프로그램

관계 회복 프로그램은 다음과 같은 순서로 진행되었습니다.

❶ **준비:** B 학생과 C 선생님이 만나 관계 회복 프로그램의 목표와 기대를 서로 공유하였습니다. 또, 관계 회복을 진행할 중재자를 선정하였습니다.

❷ **대화:** B 학생과 C 선생님은 중재자의 도움을 받아서 서로의 입장을 이야기하고, 감정을 표현하였습니다. 갈등의 원인을 파악하고, 갈등에 대한 이해를 높이는 데 중점을 두었습니다.

❸ **합의:** B 학생과 C 선생님은 대화를 통해 도출한 합의점을 구체화하였습니다. 합의에는 갈등의 피해를 회복하고, 관계를 재건하기 위한 구체적인 행동 계획을 포함하였습니다.

관계 회복의 과정

B 학생과 C 선생님은 관계 회복 프로그램에 참여하면서 상대방의 입장을 이해하고, 갈등의 원인을 파악할 수 있었습니다. 그리고 갈등에 대한 이해를 높이고, 합의점을 찾을 수 있었습니다.

C 선생님은 B 학생이 자신을 괴롭힌 이유를 알게 되었고, B 학생은 C 선생님이 자신의 행동에 대해 분노와 상처를 느꼈음을 알게 되었습니다. B 학생은 자신의 잘못을 인정하고, C 선생님에게 사과하였습니다. C 선생님은 B 학생의 사과를 받아들이고, 두 사람은 서로를 이해하였습니다.

관계 회복의 결과

B 학생과 C 선생님은 관계 회복 프로그램을 통해 관계를 회복할 수 있었습니다. 또한, 두 사람은 다시 서로를 존중하고 협력하는 관계를 형성할 수 있었습니다.

관계 회복의 중요성

교권 침해는 교사의 안전을 위협하고, 교육의 질을 저하하는 심각한 문제입니다. 이 교권 침해를 해결하기 위해서는 교사와 학생의 관계 회복이 필수적입니다.

관계 회복은 갈등의 피해를 치유하고, 갈등 당사자들이 서로를 이해하며, 협력할 수 있는 관계를 회복하는 것을 목표로 합니다. 관계 회복을 통해 갈등의 피해를 최소화하고, 갈등 당사자들이 건강한 관계를 형성할 수 있습니다.

(2) 교권 침해 사례를 통한 갈등 중재

가상 사례

A 초등학교 1학년 B 학생의 학부모 C 씨는 D 선생님에게 지속적으로 교권 침해를 일삼았습니다. C 씨는 D 선생님에게 폭언을 하거나, 무시하는 행동을 하였으며, 심지어는 D 선생님을 신체적으로 위협하기도 하였습니다. D 선생님은 C 씨의 교권 침해로 인해 정신적, 육체적 고통을 겪었습니다.

학교에서는 C 씨와 D 선생님을 대상으로 갈등 중재를 진행하기로 하였습니다.

갈등 중재 프로그램

갈등 중재는 다음과 같은 순서로 진행되었습니다.

❶ **접촉**: C 씨와 D 선생님이 만나 갈등 중재의 목표와 기대를 서로 공유하였습니다. 또한, 갈등 중재를 진행할 중재자를 선정하였습니다.

❷ **준비**: C 씨와 D 선생님은 중재자의 도움을 받아서 서로의 입장을 이야기하고, 감정을 표현하였습니다. 갈등의 원인을 파악하고, 갈등에 대한 이해를 높이는 데 중점을 두었습니다.

❸ **중재**: C 씨와 D 선생님은 중재자의 도움을 받아서 상대방의 입장을 이해하고, 갈등의 원인을 파악할 수 있었습니다. 그 결과 갈등에 대한 이해를 높이고, 합의점을 찾을 수 있었습니다.

갈등 중재의 과정

D 선생님은 C 씨가 자신을 괴롭힌 이유를 알게 되었고, C 씨는 D 선생님이 자신의 행동에 대해 두려움과 분노를 느꼈음을 알게 되었습니다. C 씨는 자신의 잘못을 인정하고, D 선생님에게 사과하였습니다. D 선생님은 C 씨의 사과를 받아들이고, 두 사람은 서로를 이해하였습니다.

갈등 중재의 결과

C 씨와 D 선생님은 갈등 중재를 통해 관계를 회복하였습니다. 또한, 두 사람은 다시 서로를 존중하고, 협력하는 관계를 형성할 수 있었습니다.

갈등 중재의 중요성

교권 침해는 교사의 안전을 위협하고, 교육의 질을 저하하는 심각한 문제입니다. 이 교권 침해 문제를 해결하기 위해서는 교사와 학생, 학부모의 관계 회복이 필수적입니다.

갈등 중재는 갈등 당사자들이 스스로 합의점을 찾을 수 있도록 도와주는 과정입니다. 갈등 중재를 통해 갈등의 피해를 최소화하고, 갈등 당사자들이 서로를 이해하고 협력할 수 있는 관계를 회복할 수 있을 것입니다.

학생 인권 침해 사례

(1) 인권 침해 사례를 통한 관계 회복

인권 침해는 개인의 인권을 침해하는 행위로, 갈등 당사자들의 관계 회복을 위해서는 피해자의 인권을 회복하는 것이 중요합니다.

다음은 인권 침해 사례를 통한 관계 회복에 대한 가상 사례입니다.

가상 사례

A는 B를 괴롭히는 가해자였습니다. A는 B가 자신과 다르다는 이유로 B를 놀리고, 따돌리고, 폭력을 행사하기도 하였습니다. B는 A의 괴롭힘으로 인해 학교에 가지 못할 정도로 심한 고통을 겪었습니다.

학교에서 A의 괴롭힘을 알게 된 교사는 A를 상담하고, 관계 회복 프로그램을 진행하도록 하였습니다. A는 프로그램에 참여하면서 자신의 행동이 잘못되었음을 깨닫고, 피해자인 B에게 사과하기로 결심하였습니다.

관계 회복 과정

A는 B를 만나 사과하기 전에, 먼저 B의 입장을 이해하기 위해 노력하였습니다. A는 B에게 괴롭힘을 당했을 때 어떤 기분이었는지, 어떤 상처를 받았는지 등을 물어보았습니다. B는 A의 사과를 완전히 받아들이지 않았지만, 진심 어린 사과를 통해 A가 자신의 잘못을 깨닫고 반성하고 있다는 것을 느낄 수 있었습니다.

A와 B는 상담사의 도움을 받아 여러 차례 만나 대화를 나누었습니다. 대화를 통해 A는 자신의 행동이 B에게 얼마나 큰 상처를 주었는지, B가 자신의 괴롭힘 때문에 얼마나 힘들었는지 등을 이해할 수 있었습니다. B는 A의 진정성 있는 사과를 받아들이고, 관계 회복을 위해 노력하기로 결심하였습니다.

이후 A와 B는 학교에서 함께 활동하면서 서서히 관계를 회복해 나갔습니다. A는 B를 배려하고 B는 A를 점차 용서하며, 서로를 이해하기 위해 노력하였습니다. 시간이 흐르면서 A와 B는 친구가 되었고, 행복한 학교생활을 할 수 있게 되었습니다.

관계 회복의 중요성

인권 침해는 피해자에게 심각한 상처를 남깁니다. 그래서 관계 회복을 통해 피해자의 상처를 치유하고, 관계를 회복하는 것이 매우 중요합니다. 관계 회복을 위해서는 피해자의 입장을 이해하고, 가해자의 반성과 책임을 촉구하는 것이 필요합니다. 또한, 피해자와 가해자 모두 상대방을 이해하고 용서하며, 화해의 길을 걸어가야 합니다.

이러한 관계 회복 과정을 통해 피해자는 상처를 회복하고, 가해자는 자신의 잘못을 깨닫고 더 나은 사람이 될 수 있습니다. 더불어 사회 전체적으로도 인권 존중과 갈등 해결에 대한 인식이 높아질 수 있습니다.

관계 회복을 위한 실천 방안

관계 회복을 위해서는 다음과 같은 실천 방안이 필요합니다.

❶ 피해자의 입장을 이해하기 위한 노력

피해자의 입장을 이해하기 위해서는 피해자와 충분한 대화를 나누는 것이 중요합니다. 피해자가 느낀 감정과 상처를 이해하고, 피해자가 원하는 것이 무엇인지 파악해야 합니다.

❷ 가해자의 반성과 책임 촉구

가해자의 반성과 책임을 촉구하기 위해서는 가해자가 자신의 행동이 잘못되었음을 깨닫게 하는 것이 필요합니다. 가해자가 자신의 잘못을 깨닫고, 피해자에게 사과하고, 피해를 회복하기 위한 노력을 할 수 있도록 해야 합니다.

❸ 피해자와 가해자 모두의 참여

피해자와 가해자 모두의 참여가 필요합니다. 관계 회복은 피해자와 가해자 모두가 함께 노력해야만 이루어질 수 있습니다. 가해자는 피해자에게 사과하고, 피해를 회복하기 위한 노력을 해야 합니다. 피해자도 가해자의 사과를 받아들이고, 관계 회복을 위해 노력해야 합니다.

❹ 전문적인 지원

전문적인 지원을 받는 것도 도움이 될 수 있습니다. 관계 회복 전문가의 도움을 받아 관계 회복 과정을 진행하면 더욱 효과적으로 관계를 회복할 수 있습니다.

(2) 인권 침해 사례를 통한 갈등 중재

갈등 중재는 갈등을 겪은 당사자들이 서로의 입장을 이해하고, 합의를 통해 갈등을 해결하는 과정입니다. 인권 침해 사례의 경우 피해자의 인권이 손상되었기 때문에, 갈등 중재를 통해 피해자의 인권을 회복하는 것이 중요합니다.

다음은 인권 침해 사례(피해자 학생, 가해자 선생님)를 통한 갈등 중재에 대한 가상 사례입니다.

가상 사례

A는 학교에서 선생님에게 괴롭힘을 당하였습니다. 선생님은 공부를 못한다는 이유로 A를 무시하고, 모욕하였습니다. 이로 인해 A는 학교에 가기 싫어하였고, 우울증에 시달렸습니다.

학교에서 선생님의 괴롭힘을 알게 된 교장은 A와 가해자 선생님을 만나 갈등 중재를 진행하기로 하였습니다. 교장은 갈등 중재자 역할을 맡아 A와 선생님이 서로의 입장을 이해하고, 합의를 통해 갈등을 해결하도록 도왔습니다.

갈등 중재 과정

교장은 먼저 A와 선생님을 만나 각각의 입장을 들어 보았습니다.

A는 선생님의 괴롭힘으로 인해 얼마나 힘들었는지, 선생님의 행동이 잘못되었음을 알았으면 좋겠다는 점을 이야기하였습니다. 선생님은 A가 공부를 못해 걱정이 되어 그런 행동을 하였다고 변명하였지만, 결국 자신의 행동이 잘못되었음을 인정하였습니다.

교장은 A와 선생님이 서로의 입장을 이해할 수 있도록 도왔습니다. A는 선생님이 자신을 걱정해서 그런 행동을 하였다는 점을 알게 되었고, 선생님은 A가 공부를 못해도 존중받아야 한다는 점을 이해하였습니다. A와 선생님은 교장의 도움을 받아 다음과 같은 합의를 하였습니다.

- 선생님은 A에게 사과하고, 앞으로 A를 존중하고 배려하겠습니다.
- A는 선생님을 용서하고, 선생님과 열심히 학교생활을 하겠습니다.

갈등 중재의 중요성

인권 침해 사례의 경우, 피해자의 인권을 회복하기 위해 갈등 중재가 필요합니다. 갈등 중재를 통해 피해자는 가해자의 사과를 받고, 가해자는 자신의 잘못을 깨닫고 반성할 수 있습니다. 또한, 갈등 중재는 피해자와 가해자 모두가 서로를 이해하고, 화해의 길을 걸어가도록 도울 수 있습니다.

갈등 중재를 위한 실천 방안

갈등 중재를 위해서는 다음과 같은 실천 방안이 필요합니다.

❶ 피해자의 입장을 이해하기 위한 노력

피해자의 입장을 이해하기 위해서는 피해자와 충분한 대화를 나누는 것이 중요합니다. 피해자가 느낀 감정과 상처를 이해하고, 피해자가 원하는 것이 무엇인지 파악해야 합니다.

❷ 가해자의 반성과 책임 촉구

가해자의 반성과 책임을 촉구하기 위해서는 가해자가 자신의 행동이 잘못되었음을 깨닫게 하는 것이 필요합니다. 가해자가 자신의 잘못을 깨닫고, 피해자에게 사과하고, 피해를 회복하기 위한 노력을 할 수 있도록 해야 합니다.

❸ 피해자와 가해자 모두의 참여

피해자와 가해자 모두의 참여가 필요합니다. 관계 회복은 피해자와 가해자 모두가 함께 노력해야만 이루어질 수 있습니다. 가해자는 피해자에게 사과하고, 피해를 회복하기 위한 노력을 해야 합니다. 피해자도 가해자의 사과를 받아들이고, 갈등 중재를 위해 노력해야 합니다.

❹ 전문적인 지원

전문적인 지원을 받는 것도 도움이 될 수 있습니다. 갈등 중재 전문가의 도움을 받아 갈등 중재 과정을 진행하면 더욱 효과적으로 갈등을 해결할 수 있습니다.

관계 회복과 갈등 중재를 위한
학교 정책

관계 회복과 갈등 중재를 위한 학교 정책의 내용

학교는 많은 학생들이 함께 생활하는 공간이기 때문에 학생들 간의 갈등은 필연적으로 발생할 수 있습니다. 갈등이 발생하면 학생들은 피해를 입게 되고, 학업이나 학교생활에 어려움을 겪을 수 있습니다. 그러므로 학교는 학생들 간의 갈등을 효과적으로 해결하고, 관계를 회복할 수 있는 정책을 마련하는 것이 바람직합니다.

관계 회복과 갈등 중재를 위한 학교의 정책은 다음과 같은 내용을 포함해야 합니다.

1) 갈등 예방 교육

학교는 갈등이 발생하는 원인과 갈등을 예방하는 방법에 대한 교육을 학생들에게 실시해야 합니다. 이를 통해 학생들은 갈등을 미리 예방할 수 있고, 갈등이 발생하더라도 효과적으로 대처할 수 있는 능력을 키울 수 있습니다.

2) 갈등 조기 개입

학교는 갈등이 발생하면 조기에 개입하여 해결해야 합니다. 갈등이 장기화되면 학생들의 피해가 커질 수 있고, 학교 분위기도 악화될 수 있습니다. 따라서 학교는 갈등이 발생하자마자 담임교사, 상담교사, 교감 등 적절한 인력을 활용하여 갈등을 해결하기 위한 노력을 기울여야 합니다.

3) 갈등 중재

갈등 조기 개입에도 불구하고 갈등이 해결되지 않으면, 갈등 중재를 통해 해결해야 합니다. 갈등 중재는 갈등을 겪은 당사자들이 서로의 입장을 이해하고, 합의를 통해 갈등을 해결하는 과정입니다. 갈등 중재를 통해 피해자는 가해자의 사과를 받을 수 있고, 가해자는 자신의 잘못을 깨닫고 반성할 수 있습니다. 또한, 갈등 중재는 피해자와 가해자 모두가 서로를 이해하고, 화해의 길을 걸어가도록 도울 수 있습니다.

4) 관계 회복 프로그램

갈등 해결 후에는 관계 회복을 위한 프로그램을 운영해야 합니다. 관계 회복 프로그램은 갈등을 겪은 당사자들이 서로의 상처를 치유하고, 관계를 회복할 수 있도록 도와주는 프로그램입니다. 관계 회복 프로그램을 통하여 학생들은 갈등으로 인해 생긴 상처를 치유하고, 서로를 이해하고 친구가 될 수 있습니다.

관계 회복과 갈등 중재를 위한 학교 정책의 의미

관계 회복과 갈등 중재를 위한 학교의 정책은 다음과 같은 의미를 가집니다.

1) 학생들의 인권 보호

학교는 학생들의 인권을 보호할 책임이 있습니다. 따라서 학교는 학생들 간의 갈등으로 인해 발생하는 피해를 예방하고, 피해를 입은 학생들을 보호해야 합니다.

2) 학교 교육의 질 향상

학교는 학생들이 안전하고 행복하게 학업에 전념할 수 있는 환경을 조성해야 합니다. 그렇기 때문에 학교는 학생들 간의 갈등을 효과적으로 해결하여, 학교 교육의 질을 향상시켜야 합니다.

3) 사회적 갈등 예방

학교에서 발생하는 갈등은 사회에서 발생하는 갈등의 원인이 될 수 있습니다. 그러므로 학교는 학생들 간의 갈등을 효과적으로 해결하여, 사회적 갈등을 예방해야 합니다.

관계 회복과 갈등 중재를 위한
학교 정책을 마련하기 위해 고려할 점

관계 회복과 갈등 중재를 위한 학교의 정책을 마련하기 위해서는 다음과 같은 사항을 고려해야 합니다.

1) 학생들의 의견 수렴

학교 정책은 학생들의 의견을 반영하여 마련해야 합니다. 학생들의 의견을 반영함으로써 학생들의 정책에 대한 이해와 공감을 높일 수 있고, 정책의 효과성도 높일 수 있습니다.

2) 전문가의 자문

학교 정책은 갈등 전문가의 자문을 받아 마련해야 합니다. 갈등 전문가의 자문을 통해 학교 정책이 갈등을 효과적으로 해결하고, 관계를 회복할 수 있도록 설계될 수 있습니다.

3) 지속적인 모니터링과 개선

학교 정책은 지속적으로 모니터링하고 개선해야 합니다. 정책의 효과성을 평가하고 필요에 따라 정책을 개선함으로써, 학교 정책이 더욱 효과적으로 운영될 수 있을 것입니다.

관계 회복과 갈등 중재를 위한 학교 정책은 학생들의 인권 보호, 학교 교육의 질 향상, 사회적 갈등 예방 등을 위해 매우 중요합니다. 따라서 학교는 학생들 간의 갈등을 효과적으로 해결하고 관계를 회복할 수 있도록 정책을 마련하고, 이를 실천하기 위해 노력해야 할 것입니다.

관계 회복과 갈등 중재를 위한 교사 연수

관계 회복과 갈등 중재를 위한 교사 연수의 내용

학교에서 학생들 간의 갈등이 발생하면, 학생들은 학업과 학교생활에 어려움을 겪을 수 있습니다. 그러므로 학교는 교사들에게 관계 회복과 갈등 중재에 대한 교육을 실시하여, 교사들이 갈등을 효과적으로 해결하고 관계를 회복할 수 있도록 지원해야 합니다.

관계 회복과 갈등 중재를 위한 교사 연수는 다음과 같은 내용을 포함해야 합니다.

1) 갈등과 관계 회복의 이해

교사들은 갈등이 발생하는 원인과 갈등을 해결하는 방법, 관계 회복의 의미와 중요성을 이해해야 합니다. 이를 통해 교사들은 갈등을 효과적으로 해결하고, 관계를 회복할 수 있게 지원하는 능력을 키울 수 있습니다.

2) 갈등 중재의 과정과 기술

교사들은 갈등 중재의 과정과 기술을 익혀야 합니다. 이를 통해 교사들은 갈등 중재자로서의 역할을 효과적으로 수행할 수 있습니다.

3) 관계 회복 프로그램의 운영

교사들은 관계 회복 프로그램을 운영하는 방법을 익혀야 합니다. 이를 통해 교사들은 갈등을 겪은 학생들이 관계를 회복할 수 있도록 도울 수 있습니다.

관계 회복과 갈등 중재를 위한 교사 연수의 의미

관계 회복과 갈등 중재를 위한 교사 연수는 다음과 같은 의미를 가집니다.

1) 학생들의 인권 보호

학교는 학생들의 인권을 보호할 책임이 있습니다. 따라서 학교는 학생들 간의 갈등으로 인해 발생하는 피해를 예방하고, 피해를 입은 학생들을 보호해야 합니다.

2) 학교 교육의 질 향상

교사들은 학교 교육의 질을 향상시킬 책임이 있습니다. 그러므로 교사들은 갈등을 효과적으로 해결하여, 학교 교육의 질을 향상시키려는 노력을 기울여야 합니다.

3) 사회적 갈등 예방

학교에서 발생하는 갈등은 사회에서 발생하는 갈등의 원인이 될 수 있습니다. 그렇기 때문에 학교는 학생들 간의 갈등을 효과적으로 해결하여, 사회적 갈등을 예방해야 합니다.

관계 회복과 갈등 중재를 위한 교사 연수를 효과적으로 운영하기 위해 고려할 점

관계 회복과 갈등 중재를 위한 교사 연수를 효과적으로 운영하기 위해서는 다음과 같은 사항을 고려해야 합니다.

1) 실제 학교 현장에서 발생하는 갈등을 반영한 연수

교사 연수는 실제 학교 현장에서 발생하는 갈등을 반영하여야 합니다. 이를 통해 교사들은 갈등을 효과적으로 해결할 수 있는 능력을 키울 수 있습니다.

2) 실습과 피드백을 통한 연수

교사 연수는 실습과 피드백을 통해 이루어져야 합니다. 이를 통해 교사들은 갈등 중재의 과정과 기술을 익히고, 피드백을 함으로써 자신의 능력을 향상시킬 수 있습니다.

3) 지속적인 연수

교사 연수는 지속적으로 이루어져야 합니다. 이를 통해 교사들은 갈등과 관계 회복에 대한 최신 정보를 얻고, 계속해서 자신의 능력을 향상시킬 수 있습니다.

관계 회복과 갈등 중재를 위한 교사 연수는 학생들의 인권 보호, 학교 교육의 질 향상, 사회적 갈등 예방을 위해 매우 중요합니다. 따라서 학교는 교사들에게 관계 회복과 갈등 중재에 대한 교육을 실시하기 위해 노력해야 합니다.

관계 회복과 갈등 중재를 위한
학생 교육

관계 회복과 갈등 중재를 위한 학생 교육의 내용

학교는 학생들에게 관계 회복과 갈등 중재에 대한 교육을 실시하여 학생들 간의 갈등을 효과적으로 해결하고, 관계를 회복할 수 있도록 지원해야 합니다.

관계 회복과 갈등 중재를 위한 학생 교육은 다음과 같은 내용을 포함해야 합니다.

1) 갈등과 관계 회복의 이해

학생들은 갈등이 발생하는 원인, 갈등을 해결하는 방법, 관계 회복의 의미와 중요성에 대해 알고 이해해야 합니다. 이를 통해 학생들은 갈등을 효과적으로 해결하고, 관계를 회복할 수 있는 능력을 키울 수 있게 됩니다.

2) 갈등 조기 개입의 중요성

학생들은 갈등이 발생하면 조기에 개입하여 해결하는 것이 중요하다는 것을 이해해야 합니다. 갈등이 장기화되면 학생들의 피해가 커질 수 있고, 학교 분위기가 악화될 수 있기 때문입니다.

3) 갈등 해결 방법

학생들은 갈등을 해결하는 다양한 방법을 알아야 합니다. 이를 통해 학생들은 상황에 맞는 적절한 갈등 해결 방법을 선택할 수 있습니다.

4) 갈등 중재의 역할과 방법

학생들은 갈등 중재의 역할과 방법을 이해해야 합니다. 이를 통해 학생들은 갈등을 겪는 친구들을 도울 수 있습니다.

관계 회복과 갈등 중재를 위한 학생 교육의 의미

관계 회복과 갈등 중재를 위한 학생 교육은 다음과 같은 의미를 가집니다.

1) 학생들의 인권 보호

학생들은 갈등으로 인하여 피해를 입지 않도록 보호받아야 합니다. 따라서 학생들은 갈등을 효과적으로 해결할 수 있는 능력을 키워야 합니다.

2) 학교 교육의 질 향상

학생들이 갈등을 효과적으로 해결할 수 있다면, 학교 교육의 질이 향상될 수 있습니다. 그렇기 때문에 학교는 학생들에게 갈등 해결 교육을 실시해야 합니다.

3) 사회적 갈등 예방

학교에서 발생하는 갈등은 사회에서 발생하는 갈등의 원인이 될 수 있습니다. 그러므로 학교는 학생들에게 갈등 해결 교육을 실시하여, 사회적 갈등을 예방해야 합니다.

관계 회복과 갈등 중재를 위한 학생 교육을 효과적으로 운영하기 위해 고려할 점

관계 회복과 갈등 중재를 위한 학생 교육을 효과적으로 운영하기 위해서는 다음과 같은 사항을 고려해야 합니다.

1) 학생들의 눈높이에 맞춘 교육

학생 교육은 학생들의 눈높이에 맞춰야 합니다. 이를 통해 학생들이 교육 내용을 잘 이해할 수 있고, 교육의 효과도 높일 수 있습니다.

2) 실습과 피드백을 통한 교육

학생 교육은 실습과 피드백을 통해 이루어져야 합니다. 학생들은 갈등 해결 방법을 실습하고, 피드백하는 과정을 통해 자신의 능력을 향상시킬 수 있습니다.

3) 지속적인 교육

학생 교육은 지속적으로 이루어져야 합니다. 지속적인 교육을 통해 학생들은 갈등과 관계 회복에 대한 최신 정보를 얻고, 계속해서 자신의 능력을 향상시킬 수 있습니다.

관계 회복과 갈등 중재를 위한 학생 교육은 학생들의 인권 보호, 학교 교육의 질 향상, 사회적 갈등 예방을 위해 매우 중요합니다. 따라서 학교는 학생들에게 관계 회복과 갈등 중재에 대한 교육을 실시하고, 이를 꾸준히 실천하기 위해 노력해야 합니다.

관계 회복과 갈등 중재를 위한 학생 교육의 방법

관계 회복과 갈등 중재를 위한 학생 교육에는 다음과 같은 구체적인 방법들이 있습니다.

1) 수업

관계 회복과 갈등 중재에 대한 내용을 수업 시간에 포함시켜 교육할 수 있습니다.

2) 동아리 활동

관계 회복과 갈등 중재에 관심이 있는 학생들이 모여 활동하는 동아리를 운영할 수 있습니다. '관계 회복 동아리', '갈등 중재를 위한 학생 주도 프로젝트' 등이 그 예입니다.

3) 체험 활동

갈등을 겪은 학생을 직접 만나거나, 갈등 해결 게임을 통해 갈등을 이해하고 갈등 해결 방법을 익힐 수 있습니다.

학교는 학생의 특성과 상황에 맞는 다양한 교육 방법을 활용하여, 학생들이 관계 회복과 갈등 중재에 대한 교육을 받을 수 있도록 지원해야 할 것입니다.

2.

학교 내 갈등의
해결을 위한 접근

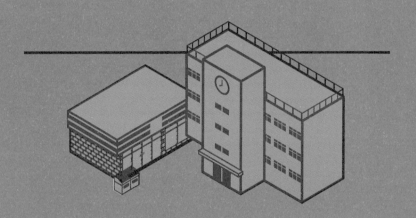

무너진 교실과 교권

학교는 학생들이 배우고 성장하는 공간입니다. 그런데 최근 들어 교실이 무너지고 교권이 추락하는 현상이 심각하게 발생하고 있습니다.

한국교원단체총연합회(교총)의 2023년 교원 이직 실태 조사에 따르면, 교사가 학교를 그만두는 가장 큰 이유가 '교권 침해'인 것으로 나타났습니다. 교권 침해에는 학생의 폭언, 폭행, 성희롱, 교장·교감의 갑질 등 다양한 형태가 포함됩니다. 교총 조사에 따르면, 교권 침해를 경험한 교사의 비율은 89.4%로, 그중 50.5%는 '매우 심각한 수준'이라고 응답했습니다.

교권 침해는 교사의 사기를 떨어뜨리고, 교육의 질까지 저하시키는 심각한 문제입니다. 교사의 사기가 떨어지면, 학생들에게 질 높은 교육을 제공하기 어렵습니다. 또한, 교권 침해가 만연하면, 학생들이 학교에서 안전하게 생활할 수 있는 환경이 조성되지 않습니다.

교권 침해의 발생 원인은 다양한데, 학생들의 인성 교육 부족, 학부모의 과도한 요구, 학교의 방임 등이 주요 원인으로 지적되고 있습니다.

학생들의 인성 교육 부족은 교권 침해의 가장 근본적인 원인입니다. 학생들이 올바른 인성을 갖추지 못하면 교사의 권위에 도전하게 되고, 폭력과 폭언을 일삼는 등 교권을 침해하는 행위를 할 가능성이 높습니다.

학부모의 과도한 요구도 교권 침해의 주된 원인으로 작용하고 있습니다. 학부모들이 자녀의 성적 향상이나 진학을 위해 교사에게 지나친 요구를 하는 경우, 교사는 학생들을 공정하게 평가하거나 지도하기 어렵게 됩니다.

또 학교의 방임도 교권 침해를 부추기고 있습니다. 학교가 교권 침해에 대한 대응을 소홀히 하면 교사는 교권을 보호받기 어렵고, 교권 침해를 일삼는 학생들도 면죄부를 받게 됩니다.

이러한 교권 침해를 막기 위해서는 학생들의 인성 교육 강화, 학부모의 인식 개선, 학교의 교권 보호 강화 등이 필요합니다.

학생들의 인성 교육 강화를 위해서는 학교에서 인성 교육을 강화하고, 가정에서도 자녀의 인성 교육에 관심을 기울여야 합니다. 또한, 청소년을 대상으로 한 인성 교육 프로그램도 확대해야 합니다.

학부모의 인식 개선을 위해서는 학부모 교육을 강화하고, 학교와 학부모의 소통을 활성화해야 합니다. 그리고 학부모가 자녀의 교육에 지나치게 개입하지 않도록 인식 개선을 위한 노력도 필요합니다.

학교의 교권 보호 강화를 위해서는 학교 폭력 예방 및 대책 강화, 교장·교감의 갑질 근절, 교권 침해에 대한 엄정한 처벌 등이 필요합니다. 그 밖에 교권 침해 신고 시스템을 개선하고, 교권 침해 신고자에 대한 보호를 강화해야 합니다.

교권이 무너지면 학교는 교육의 기능을 제대로 수행할 수 없기 때문에, 교권 보호를 위한 사회적 관심과 노력이 절실히 요구됩니다.

교권 보호를 위해서는 정부, 학교, 학부모, 사회 각계의 협력이 필요합니다. 정부는 교권 보호를 위한 법과 제도를 마련하고, 예산을 지원해야 합니다. 학교는 교권 보호 교육을 강화하고, 교권 침해에 대한 신고를 적극적으로 접수해야 합니다. 학부모는 자녀의 인성 교육에 관심을 기울이고, 교권 침해에 대한 인식을 개선해야 합니다. 사회 각계는 교권 보호에 대한 사회적 공감대를 형성하고, 교권 침해를 근절하기 위한 노력을 함께 해야 할 것입니다.

학교 폭력 엄벌주의와
온정주의의 대립

엄벌주의와 온정주의

학교 폭력은 한국 사회의 오랜 문제 중 하나입니다. 최근에는 학교 폭력이 더욱 심각해지고 있다는 우려가 커지고 있으며, 이에 따라 학교 폭력 대응책에 대한 논의도 활발하게 이루어지고 있습니다.

학교 폭력에 대한 대응책으로는 크게 엄벌주의와 온정주의, 두 가지 관점이 대립하고 있습니다. 엄벌주의는 학교 폭력 가해자에 대한 강력한 처벌을 통해 학교 폭력을 근절하려는 입장입니다. 반면, 온정주의는 학교 폭력 가해자의 재발 방지와 피해자의 회복을 위해 교육과 상담을 통한 선도적 처벌을 강조하는 입장입니다.

엄벌주의는 학교 폭력에 대한 경각심을 높이고, 가해자를 처벌함으로써 피해자의 피해를 보상한다는 장점이 있습니다. 하지만 가해자의 인권을 침해할 수 있다는 우려와, 가해자가 교도소에서 더욱 비뚤어질 수 있다는 지적도 있습니다.

온정주의는 가해자의 인권을 존중하고, 재발 방지를 위한 교육과 상담을 통하여 학교 폭력을 근본적으로 해결하려는 장점이 있습니다. 그렇지만 가해자에 대한 처벌이 약하고, 피해자의 회복에 대한 고려가 부족하다는 비판도 있습니다.

양형론적 관점

최근에는 양형론적 관점에서 학교 폭력에 대한 대응책을 모색하자는 목소리가 높아지고 있습니다. 양형론은 형벌의 목적과 범죄의 경중을 고려하여, 적절한 형량을 결정하는 것을 의미합니다.

양형론적 관점에서 보면, 학교 폭력 가해자에게 처벌을 통해 책임을 묻는 것도 중요하지만, 동시에 재발을 방지하고 피해자의 회복을 위해 노력해야 합니다. 따라서 학교 폭력 가해자에 대한 처벌은 가해자의 연령, 폭력의 정도, 피해의 정도, 가해자의 반성 정도 등을 종합적으로 고려하여 결정되어야 합니다.

학교 폭력은 피해자뿐만 아니라 가해자, 그리고 우리 사회 전체에 피해를 주는 심각한 문제입니다. 학교 폭력을 근절하기 위해서는 엄벌주의와 온정주의의 대립을 넘어, 양형론적 관점에서 합리적인 대응책을 마련하는 것이 필요합니다.

구체적으로, 다음과 같은 방안들이 고려될 수 있습니다.

❶ 학교 폭력 가해자에 대한 처벌의 실효성을 높여야 합니다. 이를 위해 학교 폭력 가해자에 대한 형사 처벌을 강화하고, 형사 처벌과 함께 교육과 상담을 병행하는 방안을 마련할 필요가 있습니다.

❷ 학교 폭력 피해자에 대한 지원을 강화해야 합니다. 학교 폭력 피해자의 정신적, 육체적 피해를 치유하고, 학교생활에 복귀할 수 있도록 지원해야 합니다.

❸ 학교 폭력 예방을 위한 교육과 홍보를 강화해야 합니다. 학교 폭력의 심각성을 알리고, 학교 폭력에 대한 인식을 개선하기 위한 교육과 홍보를 강화해야 합니다.

학교 폭력을 근절하기 위해서는 학교, 가정, 사회가 함께 노력해야 합니다. 학교에서는 학교 폭력 예방 교육을 강화하고, 가해자에 대한 조치를 강화해야 합니다. 가정에서는 자녀와의 소통을 강화하고, 학교 폭력에 대한 경각심을 심어 주어야 합니다. 그리고 사회는 학교 폭력에 대한 사회적 관심과 지원을 확대해야 합니다.

학교 폭력은 우리 사회의 어두운 그림자입니다. 모두의 노력을 통해 학교 폭력을 근절하고, 아이들이 안전하고 행복하게 성장할 수 있는 사회를 만들어야 할 것입니다.

응보적 정의, 그 가능성과 한계

응보적 정의란 무엇인가?

응보적 정의는 가해자가 저지른 잘못에 대해 그에 상응하는 처벌을 통해 응징함으로써 정의를 실현하려는 사법 정의의 한 형태입니다. 응보적 정의는 가해자에 대한 처벌을 통해 피해자에게 정의를 실현하고, 사회에 경각심을 심어 주며, 범죄의 재발을 방지한다는 장점이 있습니다.

응보적 정의의 장점

응보적 정의의 장점은 다음과 같이 정리할 수 있습니다.

1) 피해자에 대한 정의를 실현합니다.

응보적 정의는 가해자의 잘못에 대해 그에 상응하는 처벌을 통해 피해자에게 정의를 실현하는 데 기여합니다. 처벌을 통해 가해자의 잘못을 인정받고, 피해에 대한 정의를 실현함으로써 피해자는 마음의 평화를 찾을 수 있습니다.

2) 사회에 경각심을 심어 줍니다.

응보적 정의는 가해자 처벌을 통해 사회에 경각심을 심어 주고, 범죄를 예방하는 데 기여합니다. 가해자는 응보적 정의에 따른 처벌을 통해 범죄의 대가에 대해 인식하고, 범죄를 또다시 저지르지 않도록 경각심을 갖게 됩니다.

3) 범죄의 재발을 방지합니다.

응보적 정의는 가해자의 범죄 재발을 방지하는 데 기여합니다. 응보적 정의에 따른 처벌은 가해자에게 범죄의 심각성을 인식시키고, 재범을 하지 않도록 계도하는 데 도움이 됩니다.

응보적 정의의 단점

그러나 응보적 정의는 다음과 같은 단점도 가지고 있습니다.

1) 가해자에 대한 인권 침해 우려가 있습니다.

응보적 정의는 가해자에 대한 처벌을 통해 정의를 실현한다는 점에서 가해자에 대한 인권 침해가 우려됩니다. 가해자의 인권을 보호하기 위해서는 응보적 정의에 따른 처벌의 정도와 절차를 엄격하게 규정할 필요가 있습니다.

2) 범죄의 원인을 해결하지 못합니다.

응보적 정의는 가해자에 대한 처벌을 통해 범죄를 해결하려는 데 초점을 맞추고 있습니다. 그러나 범죄의 원인은 복잡하고 다양하기 때문에 응보적 정의만으로는 범죄를 근본적으로 해결하기 어렵습니다.

3) 사회적 갈등을 심화시킬 수 있습니다.

응보적 정의는 가해자에 대한 처벌을 통해 정의를 실현한다는 점에서 사회적 갈등을 심화시킬 수 있습니다. 가해자와 피해자, 그리고 그 가족들 사이에 새로운 갈등이 발생하고, 사회적으로 분열을 야기할 수 있습니다.

응보적 정의는 범죄를 처벌하고, 피해자에게 정의를 실현하는 데 중요한 역할을 합니다. 이러한 응보적 정의의 한계를 고려하여, 피해자와 가해자 모두의 인권을 보호하고, 범죄의 근본적인 원인을 해결할 수 있는 방안을 마련해야 할 것입니다.

회복적 정의

최근에는 응보적 정의의 한계를 극복하기 위한 다양한 노력들이 이루어지고 있는데, 대표적인 사례로 회복적 정의가 있습니다. 회복적 정의는 가해자, 피해자, 그리고 그 주변인들이 함께 참여하여 피해를 회복하고, 관계를 회복하는 것을 목표로 하는 정의의 한 형태입니다. 회복적 정의는 가해자에 대한 처벌보다는 피해자와 가해자의 관계 회복에 초점을 맞추고 있습니다.

회복적 정의는 응보적 정의의 한계를 극복할 수 있는 가능성을 가지고 있습니다. 그렇지만 회복적 정의가 성공하기 위해서는 가해자, 피해자, 그리고 그 주변인들의 적극적인 참여가 필요합니다. 또한, 회복적 정의에 대한 사회적 인식과 법적·제도적 기반을 마련하는 것도 뒷받침되어야 합니다.

회복적 정의, 그 가능성과 한계

회복적 정의란 무엇인가?

회복적 정의는 가해자, 피해자, 그리고 그 주변인들이 함께 참여하여 피해를 회복하고, 관계를 회복하는 것을 목표로 하는 정의의 한 형태입니다. 회복적 정의는 가해자에 대한 처벌보다는 피해자와 가해자의 관계 회복에 초점을 맞추고 있습니다.

회복적 정의의 장점

회복적 정의의 장점은 다음과 같이 정리할 수 있습니다.

1) 피해자의 회복을 돕습니다.

회복적 정의는 피해자가 가해자의 잘못을 사과받고, 가해자에게 자신의 피해를 이야기할 수 있는 기회를 제공함으로써 피해자의 회복을 도와줍니다.

2) 가해자의 변화를 촉진합니다.

회복적 정의는 가해자가 자신의 잘못을 인식하고, 피해자에 대한 책임을 지는 과정을 통해 변화할 수 있도록 돕습니다.

3) 사회적 갈등을 완화합니다.

회복적 정의는 가해자와 피해자, 그리고 그 주변인들이 함께 참여하여 서로를 이해하고 용서하는 과정을 통해 사회적 갈등을 완화할 수 있습니다.

회복적 정의의 단점

그러나 회복적 정의는 다음과 같은 단점도 가지고 있습니다.

1) 실효성이 떨어질 수 있습니다.

회복적 정의는 가해자, 피해자, 그리고 그 주변인들의 적극적인 참여가 필수적입니다. 그렇기 때문에 이러한 참여가 이루어지지 않을 경우 실효성이 떨어질 수 있습니다.

2) 사회적 비용이 발생할 수 있습니다.

회복적 정의는 가해자와 피해자, 그 주변인들의 참여를 위한 교육과 상담, 중재 등의 과정이 필요하기 때문에 사회적 비용이 발생할 수 있습니다.

3) 법적 근거가 미흡합니다.

회복적 정의는 현재 법적 근거가 미흡하기 때문에, 법적 효력을 갖지 못할 수 있습니다.

회복적 정의는 응보적 정의의 한계를 극복하고, 피해자와 가해자 모두의 회복을 도모할 수 있는 가능성을 가지고 있습니다. 그러므로 회복적 정의의 단점과 한계를 고려하여 회복적 정의가 성공적으로 정착될 수 있도록 노력해야 할 것입니다.

회복적 정의의 성공적 정착을 위한 노력

회복적 정의가 성공적으로 정착되기 위해서는 다음과 같은 노력이 필요합니다.

1) 가해자, 피해자, 그 주변인들의 인식 개선이 필요합니다.

회복적 정의가 성공하기 위해서는 가해자, 피해자, 그 주변인들이 회복적 정의의 의미와 가치를 이해하고, 적극적으로 참여해야 합니다. 이를 위해서는 다양한 교육과 홍보를 통해 회복적 정의에 대한 인식 개선이 이루어져야 합니다.

2) 법적·제도적 기반을 마련해야 합니다.

회복적 정의가 법적 효력을 갖기 위해서는 법적·제도적 기반이 마련되어야 합니다. 이를 위해서 회복적 정의에 대한 법률 제정과, 회복적 정의의 원활한 운영을 위한 제도적 장치 마련 등이 뒷받침되어야 할 것입니다.

3) 회복적 정의 전문가 양성이 필요합니다.

회복적 정의가 성공적으로 운영되기 위해서는 회복적 정의 전문가의 양성이 필요합니다. 회복적 정의 전문가는 가해자, 피해자, 그 주변인들의 참여를 촉진하고, 회복적 정의의 원활한 진행을 돕는 역할을 합니다.

회복적 정의는 아직 시작 단계에 있지만, 응보적 정의의 한계를 극복하고 피해자와 가해자 모두의 회복을 도모할 수 있는 가능성을 가지고 있습니다. 회복적 정의가 성공적으로 정착되기 위해서는 가해자, 피해자, 그리고 그 주변인들의 인식 개선, 법적·제도적 기반 마련, 회복적 정의 전문가 양성 등의 노력이 필요합니다.

학생에게 벌 주는 것을 변화시키기 위해서

학생에게 벌을 주는 것, 효과가 있을까?

그동안 학생에게 벌을 주는 것은 중요한 교육의 한 부분으로 여겨져 왔습니다. 잘못된 행동을 한 학생에게 벌을 주어 잘못을 깨닫게 하고, 더 나은 행동을 하도록 유도하는 것입니다. 그러나 최근에는 학생의 변화를 이끌어 내는 데 벌이 효과적이지 않다는 주장이 제기되고 있습니다.

벌이 학생의 변화를 이끌어 내지 못하는 이유는 크게 두 가지로 나눌 수 있습니다. 첫째, 벌은 일시적인 효과만 있을 뿐, 근본적인 행동 변화를 가져오지 못합니다. 학생은 벌을 받으면서 일시적으로 잘못된 행동을 하지 않을 수는 있지만, 벌이 사라지면 다시 이전의 행동으로 돌아가기 쉽습니다.

둘째, 벌은 학생의 자존감과 동기를 저하시키는 부정적인 영향을 미칠 수 있습니다. 학생은 벌을 받으면서 자신을 잘못된 존재라고 느끼고, 학교생활에 대한 흥미를 잃게 될 수도 있습니다.

벌을 줄 때 고려해야 할 사항

물론 벌이 학생의 변화를 이끌어 낼 수 있는 경우도 있습니다. 잘못된 행동의 결과를 직접 경험함으로써 학생이 잘못을 깨닫고 변화할 수 있는 것입니다. 예를 들어, 교실에서 떠들다가 벌을 받은 학생은 다음부터는 수업 시간에 조용히 할 가능성이 높습니다. 그런데 이는 학생이 벌을 받아야 할 행동의 결과를 이해하고, 그 결과를 바꾸기 위한 노력을 할 수 있는 경우에 한합니다.

따라서 학생에게 벌을 줄 때는 다음과 같은 사항을 고려해야 합니다.

❶ 벌은 일시적인 효과만 있을 뿐입니다. 그러므로 근본적인 행동 변화를 가져오기 위해서는 다른 교육적 조치와 함께 이루어져야 합니다.

❷ 벌은 학생의 자존감과 동기를 저하시키지 않도록 신중하게 선택해야 합니다.

❸ 벌은 학생이 잘못을 깨닫고 변화할 수 있도록 유도하는 데 초점을 맞춰야 합니다.

학생에게 벌을 주는 것은 교육의 한 방법이지만, 그 효과는 제한적입니다. 벌을 줄 때는 위에서 언급한 사항을 고려하여, 학생의 변화를 이끌어 내는 데 도움이 되는 방향으로 사용해야 할 것입니다.

벌에 대한 대안

다음은 학생에게 벌을 주는 것과 관련하여 보다 구체적인 몇 가지의 대안입니다.

❶ **긍정적인 강화:** 학생이 바람직한 행동을 했을 때, 그 행동을 계속 하도록 격려하고 칭찬하는 것입니다. 긍정적인 강화는 학생이 바람직한 행동을 반복하도록 유도하는 데 효과적입니다.

❷ **행동 교정:** 학생의 잘못된 행동을 교정하여 바람직한 행동으로 바꾸는 것입니다. 행동 교정은 학생이 잘못된 행동을 하지 않도록 돕는 데 효과적입니다.

❸ **대화와 설득:** 학생과 대화를 통해 잘못된 행동의 원인과 이유를 파악하고, 그 이유를 해결하기 위한 방법을 함께 모색하는

것입니다. 대화와 설득은 학생의 자발적인 변화를 이끌어 내는 데 효과적입니다.

학생에게 벌을 주는 것은 마지막 수단으로 고려해야 합니다. 벌을 주기 전에 위에서 언급한 대안들을 먼저 시도해 보고, 그 효과가 미미한 경우에만 벌을 주어야 합니다.

회복적 정의, 보복 대신
회복을 추구하다

잘못이 발생했을 때, 우리는 어떻게 대처해야 할까요? 일반적으로 가해자에게 처벌을 내리는 것이 정의를 실현하는 방법으로 여겨져 왔습니다. 그러나 최근에는 이러한 관점에 대한 비판이 제기되고 있습니다. 처벌은 가해자에게 책임을 지게 할 수는 있지만, 피해자의 상처를 회복시키는 데는 한계가 있다는 것입니다.

회복적 정의는 이러한 비판에 대한 대안으로 제시된, 새로운 정의의 패러다임입니다. 회복적 정의는 잘못이 발생했을 때 그 영향과 피해를 입은 대상이 누구인지 확인하고, 피해가 회복되도록 가해자의 자발적 책임과 피해자와의 공동체 역할을 부여하는 일련의 모든 과정을 의미합니다.

회복적 정의는 기존의 응보적 정의와는 다른, 근본적인 차이점이 있습니다. 응보적 정의는 잘못을 저지른 사람에게 처벌을 부여함으로써 정의가 실현된다는 관점을 가집니다. 반면, 회복적 정의는 잘못으로 인해 상처를 입은 사람의 피해를 회복하는 것이 정의의 핵심이라고 생각합니다.

회복적 정의의 핵심은 피해자의 상처를 치유하고, 가해자가 책임을 지고, 공동체의 연대와 협력을 강화하는 것입니다. 이를 위해 회복적 정의는 다음과 같은 과정을 거칩니다.

❶ **피해자의 입장 이해:** 피해자의 상처와 피해 정도를 파악하고, 피해자의 요구를 확인합니다.
❷ **가해자의 입장 이해:** 가해자가 잘못을 인정하고, 피해에 대한 책임을 지는 과정을 돕습니다.
❸ **당사자 간 대화:** 피해자와 가해자가 직접 만나 피해 상황을 공유하고, 상호 이해를 도모합니다.
❹ **회복 계획 수립:** 피해 회복을 위한 구체적인 계획을 수립하고, 이를 실행합니다.

회복적 정의는 아직까지 우리나라에서 생소한 개념이지만, 해외에서는 이미 많은 국가에 도입되어 시행되고 있습니다. 미국의 경우, 2000년대 이후로 회복적 정의에 대한 관심이 급증하여, 현재는 전국

70% 이상의 학교에서 회복적 정의 프로그램을 운영하고 있습니다.

회복적 정의는 잘못이 발생했을 때 피해자의 상처를 치유하고, 가해자가 책임을 지는 새로운 정의의 패러다임으로 주목받고 있습니다. 회복적 정의가 우리나라에도 적극적으로 도입되어, 보다 공정하고 합리적인 정의가 실현될 수 있기를 기대합니다.

회복적 정의는 피해자의 회복을 위한 효과적인 방법이라는 장점이 있습니다. 회복적 정의는 피해자가 자신의 피해를 표현하고, 이해받고, 치유 받을 수 있는 기회를 제공합니다. 그리고 가해자의 책임의식을 높이는 데 효과적입니다. 회복적 정의는 가해자가 자신의 잘못을 깨닫고, 책임을 지고, 피해를 회복하기 위해 노력하도록 유도합니다. 또한, 공동체의 결속을 강화하는 데 효과적입니다. 회복적 정의는 피해자, 가해자, 공동체가 함께 피해를 회복하는 과정에 참여함으로써, 공동체의 결속을 강화하는 데도 도움이 됩니다.

최근 전 세계적으로 주목받고 있는 회복적 정의는, 점차 우리나라에서도 교육, 범죄, 갈등 해결 등 다양한 분야에서 도입과 실천이 활발히 이루어지고 있습니다.

회복적 정의의 도입과 실천을 위해서는 다음과 같은 사항에 대한 고려가 필요합니다.

❶ 회복적 정의의 원리에 대한 이해와 공감이 필요합니다. 회복적 정의는 기존의 응보적 정의와 근본적인 차이가 있기 때문에, 회복적 정의의 원리에 대한 새로운 이해와 공감이 필요합니다.

❷ 회복적 정의의 구체적인 방법론에 대한 연구와 개발이 필요합니다. 회복적 정의는 다양한 방법론을 통해 실천될 수 있습니다. 따라서 회복적 정의의 구체적인 방법론에 대한 연구와 개발이 꾸준히 이루어져야 합니다.

❸ 회복적 정의의 실천을 위한 인적 자원의 양성과 지원이 필요합니다. 회복적 정의의 효과적인 실천을 위해서는 전문성을 가진 인적 자원의 양성과 지원이 뒷받침되어야 할 것입니다.

회복적 정의는 잘못으로 인해 발생한 피해를 회복하고, 가해자와 피해자를 모두 치유하며, 공동체의 결속을 강화하는 데 효과적인 방법입니다. 그래서 기존의 응보적 정의에 비해 보다 공정하고 합리적인 정의의 패러다임으로 주목받고 있습니다. 앞으로 회복적 정의가 보다 발전하여, 우리 사회의 정의 구현에 기여할 수 있기를 기대합니다.

학교 내 갈등,
어떻게 해결할 것인가?

학교는 학생, 교사, 학부모 등 다양한 구성원이 함께하는 공간입니다. 여러 구성원들 사이에서는 다양한 갈등이 발생할 수 있습니다. 학생과 교사 사이의 갈등, 교사와 학부모 사이의 갈등, 학생과 학부모 사이의 갈등 등 그 유형은 다양합니다.

학교 내에서 갈등이 발생하는 원인도 다양합니다. 학생과 교사 사이의 갈등은 학생의 성장과 발달 과정에서 생기는 다양한 문제, 교사의 교육 방식이나 태도, 학교의 교육 정책 등이 원인이 될 수 있습니다. 교사와 학부모 사이의 갈등은 학생의 교육에 대한 서로 다른 기대, 학교의 교육 과정이나 정책 등에 대한 이해 부족 등이 원인이 될 수 있습니다. 또한, 학생과 학부모 사이의 갈등은 학생의 학업 성적,

학교생활 태도 등에 대한 서로 다른 의견, 학교의 교육 정책 등에 대한 이해 부족 등이 원인이 될 수 있습니다.

학교 내 갈등이 발생하면 학생, 교사, 학부모 모두에게 부정적인 영향을 미치게 됩니다. 학생은 학업 성적 저하, 학교 부적응 등의 문제를, 교사는 업무 스트레스 증가나 직무 만족도 저하 등의 문제를 겪을 수 있습니다. 학부모는 자녀의 학업 성적이나 학교생활에 대한 걱정과 불안이 증가할 수 있습니다.

그러므로 학교 내 갈등을 효과적으로 해결하는 것은 매우 중요하며, 학교 내 갈등을 해결하기 위해서는 다음과 같은 노력이 필요합니다.

❶ 갈등의 원인을 정확히 파악해야 합니다. 갈등의 원인을 파악하지 못하면 제대로 된 해결책을 마련하기 어렵습니다.
❷ 갈등 당사자들이 서로의 입장을 이해하고 존중해야 합니다. 당사자들이 서로의 입장을 이해하고 존중하지 못하면 갈등은 더욱 심화될 수 있습니다.
❸ 갈등의 해결을 위한 합의점을 찾아야 합니다. 갈등을 적절하게 해결하기 위해서는 갈등 당사자들이 서로 양보하고 타협해야 합니다.

❹갈등 해결을 위한 중재자의 역할이 중요합니다. 당사자들이 직접 갈등을 해결하기 어려운 경우, 중재자의 도움이 반드시 필요합니다.

학교 내 갈등을 효과적으로 해결하기 위해서는 학교, 교사, 학부모 모두의 노력이 필요합니다. 학교는 갈등의 원인을 파악하고 예방하기 위한 교육과 프로그램을 마련해야 하고, 교사는 갈등에 대한 이해와 대처 능력을 키우기 위한 교육을 받아야 합니다. 그리고 학부모는 자녀의 학교생활에 관심을 가지고, 교사와 협력하는 자세를 가져야 할 것입니다.

학교 관리자와 교사, 갈등을 넘어 협력으로

학교는 학생, 교사, 학부모 등 다양한 구성원이 함께하는 공간이므로, 구성원들 사이에 다양한 갈등이 발생할 수 있습니다. 그중에서도 학교 관리자와 교사 간의 갈등은 매우 심각한 문제로 인식되고 있습니다.

학교 관리자와 교사 간의 갈등이 발생하는 원인은 여러 가지입니다. 학교의 교육 정책이나 방침에 대한 서로 다른 의견, 교사들의 처우 개선에 대한 요구, 학교 관리자의 행정적인 독단 등 다양한 원인이 있습니다.

학교 관리자와 교사 간의 갈등은 학교 교육에 부정적인 영향을 미칩니다. 교사들의 사기 저하, 학교 운영의 비효율성, 학생 교육의 질 저하 등 여러 문제들을 야기할 수 있는 것입니다.

따라서 학교 관리자와 교사들 간의 여러 갈등을 해결하는 것은 매우 중요하며, 갈등을 해결하기 위해서는 다음과 같은 노력이 필요합니다.

❶ 서로의 입장을 이해하고 존중하기

학교 관리자와 교사들은 서로 다른 입장을 가지고 있습니다. 학교 관리자는 학교의 발전을 위한 방향성을 제시하는 역할을 하고, 교사들은 학생 교육을 담당하는 역할을 합니다. 이러한 서로 다른 입장을 이해하고 존중하지 못하면 갈등은 더욱 심화될 수 있습니다.

그러므로 학교 관리자는 교사들의 의견을 수렴하고, 교사들의 처우 개선을 위해 노력해야 합니다. 교사들은 학교의 발전을 위해 학교 관리자와 협력하는 자세를 가져야 합니다.

❷ 서로의 의견을 공유하고 협력하기

학교 관리자와 교사들이 서로의 의견을 공유하고 협력하는 것은 갈등을 해결하는 데 중요한 요소입니다. 그렇기 때문에 학교의 교육 정책이나 방침을 수립할 때 교사들의 의견을 수렴하고, 교사들이 학교 운영에 참여할 수 있는 기회를 제공해야 합니다.

또한, 학교 관리자는 교사들의 의견을 수렴하기 위해 다양한 방법을 모색해야 합니다. 예를 들어, 교사들의 의견을 수렴하기 위해서

설문 조사를 실시하거나, 교사들의 모임을 통해 의견을 취합할 수 있습니다.

❸ 중재자의 역할 활용하기

갈등 당사자들이 직접 갈등을 해결하기 어려운 경우, 중재자의 도움이 필요합니다. 중재자는 갈등 당사자들의 입장을 이해하고, 양측의 입장을 조율하여 갈등을 해결하는 역할을 합니다.

학교는 갈등 당사자들이 직접 갈등을 해결하기 어려운 경우, 중재자를 활용할 수 있는 제도를 마련해야 합니다. 예를 들어, 교직원 상담실을 설치하거나, 외부 전문가를 중재자로 활용할 수 있습니다.

학교 관리자와 교사들 간의 갈등은 학교 교육의 질을 저하시키는 중요한 요인이 됩니다. 그렇기 때문에 학교 관리자와 교사들은 서로의 입장을 이해하고 존중하며, 협력하는 자세를 통해 갈등을 해결해야 합니다. 이러한 노력을 통해 학교 교육의 질을 높이고, 학생들이 행복한 학교생활을 할 수 있도록 해야 할 것입니다.

3.

회복적 정의와
학교 내 갈등 해결

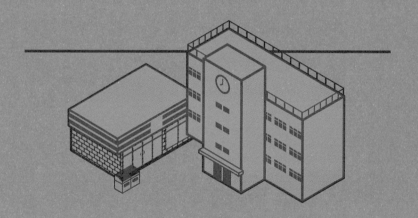

회복적 정의, 다섯 가지 회복을 통해 사회를 치유하다

잘못이 발생했을 때, 우리는 흔히 가해자에게 벌을 주는 것이 정의를 실현하는 것이라고 생각합니다. 그러나 최근 이러한 관점에 대한 비판이 제기되고 있습니다. 벌은 가해자가 책임을 지게 하는 데는 효과적일 수 있지만, 피해자의 상처를 회복하거나 갈등을 해결하는 데는 한계가 있다는 것입니다.

이에 대안으로 제시된 것이 회복적 정의입니다. 회복적 정의는 잘못이 발생했을 때 그 영향과 피해를 입은 대상이 누구인지 확인하고, 피해가 회복될 수 있게 당사자의 자발적 책임과 피해자와의 공동체 역할을 부여하는 일련의 모든 과정을 의미합니다.

회복적 정의는 다음과 같은 다섯 가지 회복을 통해 정의를 실현하고자 합니다.

❶ 피해 회복: 피해 회복은 피해자가 입은 피해를 회복하는 것을 의미합니다. 이 회복은 피해자의 물질적, 정신적 피해를 회복하는 것을 포함합니다. 물질적 피해는 피해자 재산의 복구, 치료비 지원, 손해배상 등과 같은 방법으로 회복할 수 있습니다. 정신적 피해는 피해자의 상처 치유, 회복을 위한 심리 치료 및 교육 등과 같은 방법으로 회복할 수 있습니다.

❷ 자발적 책임: 가해자가 자신의 행동에 대한 책임을 자발적으로 지는 것을 의미합니다. 자발적 책임은 가해자가 자신의 행동에 대하여 잘못을 인정하고, 피해자에게 사과하고, 피해를 회복하기 위한 노력을 하는 것을 포함합니다. 자발적 책임은 가해자가 자신의 행동에 대해 반성하고, 재범을 방지하기 위한 동기를 부여하는 데 도움이 됩니다.

❸ 관계 회복: 피해자와 가해자, 그리고 피해자와 공동체 간의 관계를 회복하는 것을 의미합니다. 관계 회복은 피해자와 가해자가 서로의 입장을 이해하고, 용서하고, 화해하는 것을 포함합니다. 관계 회복은 갈등을 해결하고, 공동체의 결속을 강화하는 데 도움이 됩니다.

❹ 공동체 회복: 잘못으로 인해 피해를 입은 공동체를 회복하는 것을 의미합니다. 공동체 회복은 공동체 구성원들이 잘못에 대해 함께 책임을 지고, 피해를 회복하기 위한 노력을 하는 것

을 포함합니다. 공동체 회복은 공동체의 신뢰와 안전을 회복하는 데 도움이 됩니다.

❺ **정의 회복:** 잘못으로 인해 왜곡된 정의를 바로잡는 것을 의미합니다. 정의 회복은 가해자의 처벌과 피해자의 보상, 그리고 공동체의 재건을 통해 이루어질 수 있으며, 사회의 공정성과 평화를 회복하는 데 도움이 됩니다.

회복적 정의는 잘못이 발생했을 때, 피해와 갈등을 치유하는 것을 목표로 하는 새로운 패러다임입니다. 피해자를 보호하고, 갈등을 해결하며, 공동체의 결속을 강화하기 위해 회복적 정의가 더욱 확산되기를 기대합니다.

이러한 회복적 정의의 실천을 위해서는 다음과 같은 노력이 필요합니다.

❶ **교육:** 학교에서 회복적 정의의 원칙을 바탕으로 한 교육을 실시하여, 학생들에게 회복적 정의의 가치를 함양합니다.

❷ **법 제도:** 회복적 정의의 원칙을 반영한 법 제도를 마련합니다.

❸ **전문성:** 회복적 정의의 전문성을 갖춘 인력을 양성합니다.

회복적 생활교육을 실천하는
교사들의 특징

회복적 생활교육을 실천하는 교사들의 특징

회복적 정의는 학교생활 교육에도 적용될 수 있으며, 이를 실천하는 교사들은 다음과 같은 특징을 갖습니다.

❶ 학생을 존중하고 신뢰합니다. 회복적 정의는 모든 당사자를 존중하고 신뢰하는 것을 원칙으로 합니다. 그래서 회복적 생활교육을 실천하는 교사들은 학생을 존중하고 신뢰하는 태도를 갖습니다. 학생의 의견을 경청하고, 학생의 성장과 발달을 위해 최선을 다합니다.

❷ 갈등 해결과 관계 회복에 초점을 둡니다. 회복적 정의는 갈등을 해결하고 관계를 회복하는 데 초점을 맞춥니다. 따라서 회

복적 생활교육을 실천하는 교사들은 갈등을 해결하고 관계를 회복하는 방법을 모색합니다. 학생의 잘못된 행동에 대한 처벌보다는, 갈등 해결과 관계 회복을 통해 학생이 성장하고 발전할 수 있도록 돕습니다.

❸ 공동체 참여를 유도합니다. 회복적 정의는 공동체의 참여를 중요하게 여깁니다. 그렇기 때문에 회복적 생활교육을 실천하는 교사들은 학생, 교사, 학부모, 지역 사회 등 학교 공동체의 구성원들이 함께 참여할 수 있는 기회를 제공합니다. 학교 공동체의 구성원들이 서로 협력하여 학교 생활교육을 실천하게 된다면, 학교를 더 안전하고 평화로운 공간으로 만들 수 있을 것입니다.

회복적 생활교육을 실천하는 교사들은 이러한 특징을 바탕으로, 학교생활에서 발생하는 다양한 문제들을 해결하고, 학생의 성장과 발달을 돕습니다.

회복적 생활교육을 실천하는 교사들의 사례

다음은 회복적 생활교육을 실천하는 교사들의 구체적인 사례들입니다.

❶ 갈등 해결을 위한 서클 활동을 운영합니다. 서클 활동은 갈등 당사자들이 함께 모여 자신의 생각과 감정을 표현하고, 갈등을 해결하기 위한 방법을 모색하는 활동입니다. 교사는 서클 활동을 통해 갈등 당사자들이 서로를 이해하고, 갈등을 해결할 수 있도록 돕습니다.

❷ 피해자 지원 프로그램을 운영합니다. 피해자 지원 프로그램은 피해자가 받은 피해를 회복하고, 학교생활에 잘 적응할 수 있도록 돕는 프로그램입니다. 교사는 피해자 지원 프로그램을 통해 피해자가 자신의 감정을 표현하고, 피해를 회복할 수 있도록 돕습니다.

❸ 갈등 예방 교육을 실시합니다. 갈등 예방 교육은 학생들에게 갈등을 해결하는 방법을 가르치는 교육입니다. 교사는 갈등 예방 교육을 통해 학생들이 갈등을 예방하고 건강한 관계를 형성할 수 있도록 돕습니다.

회복적 생활교육은 학생의 인권을 보호하고, 학교를 안전하고 평화로운 공간으로 만드는 데 기여할 수 있는 중요한 교육 방법입니다. 회복적 생활교육을 실천하는 교사들의 노력을 통해, 학교 생활교육이 더욱 발전하기를 기대합니다.

학생 지도와 훈육의 단기, 장기 목적

학생 지도와 훈육은 학생의 바람직한 성장과 발달을 위한 필수적인 과정입니다. 학생 지도와 훈육을 통해 학생은 바람직한 행동을 배우고 잘못된 행동을 고칠 수 있으며, 스스로 책임감을 갖고 행동하는 능력을 키울 수 있습니다.

학생 지도와 훈육의 단기 목적

학생 지도와 훈육의 단기 목적은 다음과 같습니다.

❶ 학생의 잘못된 행동을 바로잡습니다. 학생이 잘못된 행동을 하였을 때 그 행동의 결과를 경험하게 함으로써, 같은 행동을

반복하지 않도록 합니다.

❷ 학생의 바람직한 행동을 습관화합니다. 학생이 바람직한 행동을 했을 때 그 행동을 칭찬하고 격려함으로써, 같은 행동을 반복하도록 유도합니다.

❸ 학생의 규칙 준수 의식을 높입니다. 학생에게 규칙의 중요성을 인식시키고, 규칙을 준수하는 것이 왜 중요한지 이해시킵니다.

학생 지도와 훈육의 장기 목적

학생 지도와 훈육의 장기 목적은 다음과 같습니다.

❶ 학생이 바람직한 인성을 갖추도록 합니다. 학생이 타인을 존중하고, 배려하며, 책임감 있는 행동을 할 수 있도록 돕습니다.

❷ 학생이 스스로 학습하고 성장할 수 있는 능력을 키웁니다. 학생 스스로 문제를 해결하고, 자신의 삶을 주도적으로 살아갈 수 있는 능력을 기르도록 합니다.

❸ 학생이 사회에 기여할 수 있는 인재로 성장하도록 합니다. 학생이 민주시민으로서 책임감 있게 행동하고, 사회에 기여할 수 있는 능력을 키웁니다.

학생 지도와 훈육의 수행 주체

학교에서의 학생 지도와 훈육을 주도적으로 수행하는 것은 교사입니다. 교사는 학생의 성장과 발달을 위한 교육과정을 운영하고, 학생의 행동을 관찰하고 평가하여, 필요한 지도와 훈육을 제공합니다. 학교에서의 학생 지도와 훈육의 단기 목적은 학생의 잘못된 행동을 바로잡고, 바람직한 행동을 습관화하는 데 있습니다. 또 학생의 규칙 준수 의식을 높이고, 학교생활에 적응할 수 있도록 돕는 것도 중요합니다.

가정에서의 학생 지도와 훈육은 부모가 주도적으로 수행합니다. 부모는 학생의 일상 생활을 함께하면서, 학생의 행동을 관찰하고 지도합니다. 또한, 대화를 통해 학생의 생각과 감정을 이해하고, 올바른 가치관을 형성하도록 돕습니다. 가정에서의 학생 지도와 훈육의 단기 목적은 학생의 잘못된 행동을 바로잡고, 바람직한 행동을 습관화하는 데 있습니다. 또 학생의 자존감을 높이고, 가족 간의 유대감을 강화하는 것도 중요합니다.

학교와 가정에서의 학생 지도와 훈육은 서로 유기적으로 연결되어야 합니다. 학교에서의 지도와 훈육이 가정과 연계되지 않으면, 학생의 행동 변화에 한계가 있을 수 있습니다. 따라서 학교와 가정은 학생의 성장과 발달을 위해 긴밀한 협력을 이루어야 합니다.

학생 지도와 훈육은 학생의 바람직한 성장과 발달을 위한 필수적인 과정입니다. 그러므로 학교와 가정에서는 학생 지도와 훈육의 단기 및 장기 목적을 명확히 하고, 이를 실현하기 위한 노력을 기울여야 할 것입니다.

부정 질문과 긍정 질문의 차이

부정 질문과 긍정 질문

질문은 우리에게 생각할 거리를 제공하고, 새로운 시각을 제시하며, 행동을 변화시키는 데 도움을 줄 수 있습니다. 그런데 질문의 내용에 따라 긍정적인 변화를 가져올 수도 있고, 부정적인 상태에 머물게 할 수도 있습니다.

부정 질문은 "~하지 마라", "~이 아닌 것은 무엇인가?"와 같은 형태로 이루어집니다. 이러한 질문은 우리에게 부정적인 생각을 하도록 유도합니다. 예를 들어, "오늘은 무엇을 하지 말아야 할까?"라는 질문은 "오늘은 무엇을 할 수 있는가?"라는 질문보다 부정적인 사고를 하도록 이끄는 것입니다.

긍정 질문은 "~하라", "~은 무엇인가?"와 같은 형태로 이루어집니다. 이러한 질문은 우리가 긍정적인 생각을 하도록 해 줍니다. 예를 들어, "오늘은 무엇을 해야 할까?"라는 질문은 "오늘은 무엇을 하지 말아야 할까?"라는 질문보다 긍정적인 사고를 하도록 유도합니다.

부정 질문의 부정적 영향

부정 질문은 우리에게 다음과 같은 부정적인 영향을 미칠 수 있습니다.

❶ 부정적인 사고방식을 강화합니다. 부정 질문은 우리가 부정적인 생각을 하도록 유도하기 때문에, 부정적인 사고방식을 강화할 수 있습니다. 예를 들어, "오늘은 무엇을 하지 말아야 할까?"라는 질문은 "오늘은 무엇을 할 수 없는가?"라는 생각을 심어 줄 수 있습니다.

❷ 긍정적인 변화를 방해합니다. 부정적인 사고방식은 긍정적인 변화를 방해할 수 있습니다. 예를 들어, "나는 결코 성공하지 못할 것이다."라는 부정적인 생각을 가지고 있으면, 성공을 위해 열심히 노력하기 어려울 것입니다.

❸ 스트레스와 우울증을 유발합니다. 부정적인 사고방식은 스트레스와 우울증을 유발할 수 있습니다. 예를 들어, "나는 항상

실수를 한다."라는 부정적인 생각을 가지고 있다면, 자신감이 떨어지고 우울한 감정에 빠질 수 있습니다.

긍정 질문의 긍정적 영향

긍정 질문은 다음과 같은 긍정적인 영향을 미칠 수 있습니다.

❶ 긍정적인 사고방식을 강화합니다. 긍정 질문은 우리가 긍정적인 생각을 하도록 유도하기 때문에, 긍정적인 사고방식을 강화할 수 있습니다. 예를 들어, "오늘은 무엇을 해야 할까?"라는 질문은 "오늘은 무엇을 할 수 있는가?"라는 생각을 심어 줄 수 있습니다.

❷ 긍정적인 변화를 촉진합니다. 긍정적인 사고방식은 긍정적인 변화를 촉진할 수 있습니다. 예를 들어, "나는 성공할 수 있다." 라는 긍정적인 생각을 가지고 있다면, 성공을 위한 노력을 기울이기 쉬울 것입니다.

❸ 스트레스와 우울증을 감소시킵니다. 긍정적인 사고방식은 스트레스와 우울증을 감소시킬 수 있습니다. 예를 들어, "나는 잘하고 있다."라는 긍정적인 생각을 가지고 있다면, 자신감이 생기고 행복한 감정을 가질 수 있습니다.

부정 질문에서 긍정 질문으로 바꾸기

부정 질문을 긍정 질문으로 바꾸는 것은 생각의 패턴을 바꾸는 데 도움이 될 수 있습니다. 부정 질문을 긍정 질문으로 바꾸는 방법은 다음과 같습니다.

❶ 부정적인 단어를 긍정적인 단어로 바꿉니다. 예를 들어, "하지 말라"를 "하라"로 바꾸는 것입니다.

❷ 부정적인 질문을 긍정적인 질문으로 바꿉니다. 예를 들어, "~ 이 아닌 것은 무엇인가?"를 "~은 무엇인가?"로 바꾸면 됩니다.

[예시]

· 부정 질문: 오늘은 무엇을 하지 말아야 할까?

긍정 질문: 오늘은 무엇을 해야 할까?

· 부정 질문: 나는 결코 성공하지 못할 것이다.

긍정 질문: 나는 성공할 수 있다.

· 부정 질문: 나는 항상 실수를 한다.

긍정 질문: 나는 잘하고 있다.

닫힌 질문과 열린 질문

질문은 상대방과 정보를 교환하고, 생각을 공유하며, 이해를 도모하는 데 중요한 역할을 합니다. 그런데 질문의 내용에 따라 상대방에게 주는 영향은 크게 달라질 수 있습니다.

닫힌 질문

닫힌 질문은 예 또는 아니오로만 대답할 수 있는 질문을 말합니다. 닫힌 질문은 상대방의 답을 제한하고 자신이 원하는 답을 얻기 위한, 자기중심적인 형태의 의사소통 방법입니다. 닫힌 질문은 다음과 같은 특징을 가지고 있습니다.

❶ 상대방의 답을 제한합니다. 닫힌 질문은 예 또는 아니오로만 대답할 수 있기 때문에, 상대방이 자신의 생각이나 느낌을 자유롭게 표현하기 어렵습니다.

❷ 자기중심적입니다. 닫힌 질문은 질문자가 가지고 있는 정보나 전하려는 메시지에 대한 확인을 목적으로 하는 경우가 많습니다. 따라서 상대방의 생각이나 느낌에 관심이 없다는 인상을 줄 수 있습니다.

❸ '답정너'입니다. 닫힌 질문은 질문자가 원하는 답을 이미 알고 있는 경우가 많기 때문에, 상대방은 '답정너'로 느껴질 수 있습니다.

열린 질문

열린 질문은 예 또는 아니오로만 대답할 수 없는 질문을 말합니다. 열린 질문은 답을 제한하지 않고, 상대방의 생각이나 느낌을 자유롭게 표현할 수 있도록 하는 질문입니다. 열린 질문은 다음과 같은 특징을 가지고 있습니다.

❶ 상대방의 답을 제한하지 않습니다. 열린 질문은 상대방이 자신의 생각이나 느낌을 자유롭게 표현할 수 있도록 합니다. 그

러므로 상대방의 생각이나 느낌을 이해하고 공감하는 데 도움
이 됩니다.

❷ 상대방 중심적입니다. 열린 질문은 상대방의 생각이나 느낌에
관심을 가지고 있는 질문입니다. 따라서 상대방은 존중받고
있다는 인상을 받을 수 있습니다.

❸ '답정너'가 아닙니다. 열린 질문은 질문자가 원하는 답을 이미
알고 있는 경우가 적습니다. 그래서 상대방은 자신의 생각이
나 느낌을 제한 없이 표현할 수 있습니다.

닫힌 질문과 열린 질문의 차이

닫힌 질문과 열린 질문의 차이는 다음과 같이 정리할 수 있습니다.

특징	닫힌 질문	열린 질문
답변	예 또는 아니오	자유롭게 표현
목적	정보 확인	생각이나 느낌 이해
태도	자기중심적	상대방 중심적
인상	답정너	존중받는 느낌

닫힌 질문과 열린 질문의 활용

닫힌 질문과 열린 질문은 각각의 장·단점이 있기 때문에 상황에 따라 적절하게 활용하는 것이 중요합니다.

닫힌 질문은 다음과 같은 경우에 활용할 수 있습니다.

❶ 정보를 확인해야 하는 경우

❷ 간단한 질문에 대한 답을 얻어야 하는 경우

❸ 질문자가 원하는 답을 얻어야 하는 경우

열린 질문은 다음과 같은 경우에 활용할 수 있습니다.

❶ 상대방의 생각이나 느낌을 이해하고 싶은 경우

❷ 상대방과 대화를 깊이 있게 이어가고 싶은 경우

❸ 상대방을 존중하고 싶은 경우

예를 들어, 다음과 같은 질문을 생각해 볼 수 있습니다.

닫힌 질문: 오늘은 날씨가 어때?

열린 질문: 오늘 날씨에 대해 어떻게 생각하세요?

첫 번째 질문은 날씨에 대한 정보를 확인하기 위한 닫힌 질문입니다. 반면, 두 번째 질문은 날씨에 대한 상대방의 생각이나 느낌을 이해하기 위한 열린 질문입니다.

질문의 내용을 바꾸는 것만으로도 상대방과의 관계에 큰 영향을 미칠 수 있습니다. 그렇기 때문에 상황에 맞는 질문을 선택하는 것이 중요합니다.

응보적 질문과 회복적 질문

응보적 질문의 예시

· 누가 잘못한 사람인가?

· 어떤 규칙을 어겼는가?

· 어떤 처벌을 받아야 하는가?

· 어떤 조치를 취해야 하는가?

· 어떻게 피해를 줄여야 하는가?

· 어떻게 피해자를 보호해야 하는가?

· 어떻게 가해자를 처벌해야 하는가?

· 어떻게 사회 질서를 유지해야 하는가?

· 어떻게 범죄를 예방해야 하는가?

회복적 질문의 예시

· 누가 피해를 입었는가?

· 피해자는 어떤 피해를 입었는가?

· 피해자는 어떤 도움이 필요한가?

· 가해자는 어떤 잘못을 저질렀는가?

· 가해자는 어떤 책임을 져야 하는가?

· 공동체는 어떤 역할을 해야 하는가?

· 어떻게 갈등을 해결할 수 있는가?

· 어떻게 관계를 회복할 수 있는가?

· 어떻게 미래에 같은 일이 일어나지 않도록 할 수 있는가?

응보적 질문과 회복적 질문

이 질문들은 응보적 정의와 회복적 정의의 관점을 각각 잘 보여 줍니다. 응보적 정의는 잘못을 저지른 사람을 처벌하는 데 초점을 맞추는 반면, 회복적 정의는 피해를 입은 사람과 관계를 회복하는 데 초점을 맞춥니다.

응보적 질문은 가해자의 잘못과 책임에 초점을 맞추는 반면, 회복적 질문은 피해자의 경험과 필요에 초점을 맞춥니다. 그리고 응보적 질문은 갈등을 해결하기보다는 갈등을 확대하거나 악화시킬 수 있는 반면, 회복적 질문은 갈등을 해결하고 관계를 회복하는 데 도움이 될 수 있습니다.

물론, 응보적 정의와 회복적 정의는 서로 대립하는 개념이 아닙니다. 응보적 정의와 회복적 정의의 관점을 모두 고려하여, 갈등을 해결하고 피해를 회복하는 데 도움이 되는 방식으로 질문을 할 수 있습니다.

질문 유형	응보적 질문	회복적 질문
초점	잘못한 사람	피해자
목표	처벌	회복
결과	가해자와 피해자 사이의 갈등 악화	가해자와 피해자 사이의 관계 회복

회복적 생활교육 실천 계획

목표

❶ 학교 공동체 구성원들이 회복적 정의의 원칙과 가치를 이해하고, 이를 실천할 수 있도록 합니다.

❷ 학교생활에서 발생하는 갈등을 해결하고, 관계를 회복하기 위한 회복적 접근법을 정착시킵니다.

❸ 학교를 안전하고 평화로운 공간으로 만듭니다.

실천 방법

❶ **연수 및 워크숍:** 회복적 정의의 개념, 원칙, 가치를 이해하고, 회복적 접근법을 실천할 수 있는 능력을 함양하기 위한 연수

및 워크숍을 실시합니다.

❷ **학교 문화 조성:** 회복적 정의의 가치를 실천하는 학교 문화를 조성하기 위해, 학교 규칙, 교직원 교육, 학생 교육 등을 통해 회복적 정의의 가치를 강조합니다.

❸ **학교 공동체의 참여:** 학교 공동체의 구성원들이 회복적 정의의 실천에 참여할 수 있도록, 서클 활동, 피해자 지원 프로그램 등 다양한 프로그램을 운영합니다.

평가 방법

❶ **설문 조사:** 학생, 교사, 학부모의 회복적 정의에 대한 이해도, 회복적 접근법에 대한 만족도 등을 설문 조사를 통해 평가합니다.

❷ **사례 연구:** 회복적 접근법을 통해 해결된 갈등 사례를 연구하여, 회복적 접근법의 효과를 평가합니다.

연간 계획의 예시

월	주제	세부 내용
3월	회복적 정의의 이해	회복적 정의의 개념, 원칙, 가치 이해하기

4월	갈등 해결의 이해	갈등의 유형, 갈등 해결의 방법 이해하기
5월	서클 활동의 이해	서클 활동의 개념, 진행 방법 이해하기
6월	피해자 지원의 이해	피해자 지원의 개념, 방법 이해하기
7월	회복적 정의 실천	학교생활에서의 회복적 접근법 실천하기
8월	회복적 정의 확산	회복적 정의의 홍보 및 확산
9월	회복적 정의의 평가	회복적 정의 실천의 효과 평가
10월	회복적 정의의 발전	회복적 정의의 발전 방안 모색
11월	회복적 정의의 연계	회복적 정의와 다른 교육 프로그램의 연계
12월	회복적 정의의 정착	회복적 정의의 정착을 위한 노력

기대 효과

❶ 학교 공동체 구성원들의 회복적 정의에 대한 이해와 실천 능력이 향상됩니다.

❷ 학교생활에서 발생하는 갈등이 해결되고, 관계가 회복됩니다.

❸ 학교가 안전하고 평화로운 공간으로 자리 잡습니다.

실천의 어려움과 해결 방안

회복적 생활교육의 실천에는 다음과 같은 어려움이 있을 수 있습니다.

❶ 회복적 정의의 개념과 가치에 대한 이해 부족
❷ 회복적 접근법의 실천 방법에 대한 어려움
❸ 학교 문화의 변화에 대한 저항

이러한 어려움을 해결하기 위해 다음과 같은 노력이 필요합니다.

❶ 회복적 정의에 대한 체계적인 교육과 홍보
❷ 회복적 접근법의 실천을 위한 연수와 워크숍
❸ 학교 문화의 변화를 위한 지속적인 노력

회복적 생활교육은 학교 공동체의 구성원들이 서로를 존중하고, 갈등을 해결하고, 관계를 회복하는 데 도움이 되는 중요한 교육 방법입니다. 학교 공동체의 구성원들이 함께 노력한다면 회복적 생활교육을 성공적으로 실천할 수 있습니다.

추가적인 계획

❶ 연간 계획과 더불어 분기별 또는 월별 세부 계획을 수립하여, 회복적 생활교육의 실천을 체계적으로 추진합니다.

❷ 회복적 생활교육의 실천에 대한 데이터를 수집하고 분석하여 실천의 효과를 평가하고, 개선 방안을 모색합니다.

회복적 정의의 관점으로 변화되는 학교 생활교육

학교 '생활지도'라는 용어가 '생활교육'이라는 용어로 변경되고, 체벌과 상벌점제가 사라지는 등 학교 생활교육의 패러다임이 변화하고 있습니다. 이러한 변화의 흐름은 회복적 정의 관점으로의 전환을 의미합니다.

회복적 정의는 잘못이 발생했을 때 그 영향과 피해를 입은 대상이 누구인지 확인하고, 피해가 회복되도록 가해자의 자발적 책임과 피해자와의 공동체 역할을 부여하는 일련의 모든 과정을 의미합니다. 회복적 정의는 다음과 같은 세 가지 원칙을 바탕으로 합니다.

❶ **존중과 신뢰:** 모든 당사자를 존중하고 신뢰하며, 그들의 목소리를 경청합니다.

❷ **책임과 회복:** 가해자는 자신의 행동에 대한 책임을 지고, 피해자는 피해를 회복할 수 있도록 합니다.

❸ **공동체 참여:** 피해자, 가해자, 그리고 공동체가 함께 참여하여 갈등을 해결합니다.

회복적 정의의 관점에서 바라본 학교 생활교육은 다음과 같은 특징을 갖습니다.

❶ 학생의 자율성과 책임감을 존중합니다. 학생은 자신의 행동에 대한 책임을 지며, 스스로 올바른 행동을 선택할 수 있는 능력을 키울 수 있도록 합니다.

❷ 갈등을 해결하고 관계를 회복하는 데 초점을 맞춥니다. 학생의 잘못된 행동에 대한 처벌보다는, 갈등을 해결하고 관계를 회복하는 데 초점을 맞춥니다.

❸ 공동체의 참여를 유도합니다. 학생, 교사, 학부모, 지역 사회 등 학교 공동체 구성원들이 함께 참여하여 학교 생활교육을 실천합니다.

회복적 정의 관점으로의 학교 생활교육의 변화는 다음과 같은 장점을 가집니다.

❶학생의 인권을 보호하고, 학생의 성장과 발달을 돕습니다. 학생의 자율성과 책임감을 존중하고, 갈등을 해결하고 관계를 회복하는 데 초점을 맞춤으로써, 학생의 인권을 보호하고 학생의 성장과 발달을 돕습니다.

❷학교 폭력과 같은 문제를 예방하고, 학교를 안전하고 평화로운 공간으로 만듭니다. 갈등을 해결하고 관계를 회복하는 데 초점을 맞춤으로써, 학교 폭력과 같은 문제를 예방하고, 학교를 안전하고 평화로운 공간으로 만듭니다.

❸학교 공동체의 결속을 강화하고, 민주시민 교육을 실현합니다. 공동체의 참여를 유도함으로써 학교 공동체의 결속을 강화하고, 민주시민 교육을 실현합니다.

회복적 정의 관점으로의 학교 생활교육의 변화는 아직 초기 단계이지만, 앞으로 더욱 확산될 것으로 예상됩니다. 학교 생활교육의 변화를 통해 학생의 인권을 보호하고, 학교를 안전하고 평화로운 공간으로 만들며, 민주시민 교육을 실현하기를 기대합니다.

회복적 정의 관점으로의 학교 생활교육을 실천하기 위해서는 다음과 같은 노력이 필요합니다.

❶**교사의 전문성 강화:** 회복적 정의 관점의 학교 생활교육을

실천하기 위해서는 교사의 전문성이 필요합니다. 교사는 회복적 정의의 원칙과 가치를 이해하고, 이를 실천할 수 있는 능력을 갖추어야 합니다.

❷ **학교 문화의 변화:** 회복적 정의 관점의 학교 생활교육을 실천하기 위해서는 학교 문화의 변화도 필요합니다. 학교는 학생의 자율성과 책임감을 존중하며, 갈등을 해결하고 관계를 회복하는 데 초점을 맞춘 문화를 조성해야 합니다.

❸ **가정과 학교의 연계:** 회복적 정의 관점의 학교 생활교육은 학교와 가정의 협력을 통해서 더욱 효과적으로 실천될 수 있습니다. 학교와 가정은 학생의 성장과 발달을 위해 긴밀하게 협력해야 합니다.

회복적 정의 관점으로의 학교 생활교육은 우리 사회의 미래를 위한 중요한 변화입니다. 이러한 변화를 통해 학교를 안전하고 평화로운 공간으로 만들며, 학교가 학생의 인권을 보호하고, 민주시민 교육을 실현하는 데 기여하기를 기대합니다.

4.

학교 내 갈등 해결을 위한 구체적 실천 방안

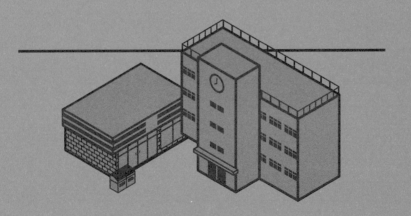

학교 폭력의 신속하고 효과적인 해결을 위한 학교장 자체해결의 중요성

학교 폭력, 학교장 자체해결로 신속하고 효과적으로 해결하라!

학교 폭력은 학교 내·외에서 발생하는 폭력으로, 학생, 교직원, 학교 외부인 등이 가해자나 피해자가 될 수 있습니다. 학교 폭력은 학생의 인권을 침해하고, 학교생활을 위협하는 심각한 문제입니다.

이러한 학교 폭력의 해결을 위해서는 학교, 가정, 지역 사회가 함께 협력해야 합니다. 특히, 학교는 학교 폭력의 발생을 예방하고, 발생시 신속하고 효과적으로 대응하기 위한 노력을 해야 합니다.

학교 폭력의 대응 방법에는 학교장 자체해결, 학교 폭력 대책 심의위원회의 심의·의결, 경찰의 수사·처벌 등이 있습니다. 이 중 학교장 자체해결은 학교장이 학교 폭력의 피해자, 가해자, 보호자 등을 소집하여 직접 해결하는 방식입니다.

학교장 자체해결의 장점

학교장 자체해결의 장점은 다음과 같습니다.

❶ 신속한 해결이 가능합니다. 학교 폭력 대책 심의위원회의 심의·의결이나 경찰의 수사·처벌은 시간이 오래 걸릴 수 있습니다. 그에 반해, 학교장 자체해결은 학교장의 판단에 따라 신속하게 해결할 수 있습니다.

❷ 비공개로 진행되므로 피해자의 프라이버시를 보호할 수 있습니다. 학교 폭력 대책 심의위원회의 심의·의결이나 경찰의 수사·처벌은 공개적으로 진행되므로, 피해자의 프라이버시가 침해될 수 있습니다. 하지만 학교장 자체해결은 비공개로 진행되기 때문에 피해자의 프라이버시를 보호할 수 있습니다.

❸ 학교 폭력의 원인을 파악하고, 재발을 예방할 수 있는 기회를 제공할 수 있습니다. 학교 폭력 대책 심의위원회의 심의·의결이나 경찰의 수사·처벌은 가해자에 대한 징계에 중점을 두는 경향이 있습니다. 반면, 학교장 자체해결은 피해자의 피해 회복과 가해자의 책임 인식 및 반성, 재발 방지 등을 위한 종합적인 해결책을 모색할 수 있습니다.

학교장 자체해결의 단점

학교장 자체해결의 단점은 다음과 같습니다.

❶ 학교장 자체해결은 학교장의 판단에 따라 해결 결과가 달라질 수 있습니다. 그러므로 학교장이 학교 폭력에 대한 이해와 판단력이 충분한 사람이어야 합니다.

❷ 가해자에 대한 징계가 미흡할 수 있습니다. 학교장 자체해결은 가해자에 대한 징계에 중점을 두지 않을 수 있기 때문에 가해자에 대한 징계가 다소 미흡할 수 있습니다.

학교장 자체해결을 위한 노력

학교장 자체해결은 학교 폭력의 발생을 예방하고, 피해자의 피해를 최소화하기 위한 효과적인 방법입니다. 학교장 자체해결을 효과적으로 수행하기 위해서는 다음과 같은 노력이 필요합니다.

❶ 학교장 자체해결의 필요성과 중요성에 대한 학교장, 교직원, 학생, 학부모 등 학교 공동체 구성원들의 이해를 높여야 합니다. 학교장 자체해결은 학교 폭력 해결에 있어 중요한 역할을 하게 되므로, 학교장 자체해결에 대한 학교 공동체 구성원들의

이해와 공감대가 형성되어야 합니다.

❷ 학교장 자체해결에 대한 구체적인 절차와 방법을 마련하고, 학교 구성원들이 이를 숙지해야 합니다. 학교장 자체해결은 학교별 상황에 따라 다양한 방법으로 진행될 수 있습니다. 따라서 학교장 자체해결에 대한 구체적인 절차와 방법을 마련하고, 학교 구성원들이 이를 숙지해야 합니다.

❸ 학교장 자체해결을 위한 전문적인 지원을 제공해야 합니다. 학교장 자체해결은 학교장의 판단과 결정에 따라 해결 결과가 달라질 수 있습니다. 그러므로 학교장 자체해결을 위한 전문적인 지원을 제공하여 학교장의 판단을 도와주고, 피해자와 가해자의 권익을 보호할 수 있도록 해야 합니다.

학교장 자체해결은 학교 폭력 해결에 있어 최고의 방법은 아니지만, 학교 폭력의 신속하고 효과적인 해결을 위해 중요한 역할을 할 수 있습니다. 학교는 학교장 자체해결을 통해 학교 폭력으로부터 학생들을 보호하고, 학교를 안전하고 평화로운 공간으로 만들기 위한 노력을 해야 할 것입니다.

학교장 자체해결 사안

* 관련 법률 및 시행령

학교폭력예방법 제13조의2(학교의 장의 자체해결)

① 제13조 제2항 제4호 및 제5호에도 불구하고 다음 각 호에 모두 해당하는 경미한 학교 폭력에 대하여 피해학생 및 그 보호자가 심의위원회의 개최를 원하지 아니하는 경우 학교의 장은 학교 폭력사건을 자체적으로 해결할 수 있다. 이 경우 학교의 장은 지체 없이 이를 심의위원회에 보고하여야 한다. 〈개정 2021. 3. 23., 2023. 10. 24.〉

1. 2주 이상의 신체적·정신적 치료가 필요한 진단서를 발급받지 않은 경우
2. 재산상 피해가 없는 경우 또는 재산상 피해가 즉각 복구되거나 복구 약속이 있는 경우
3. 학교 폭력이 지속적이지 않은 경우
4. 학교 폭력에 대한 신고, 진술, 자료제공 등에 대한 보복행위(정보통신망을 이용한 행위를 포함한다)가 아닌 경우

② 학교의 장은 제1항에 따라 사건을 해결하려는 경우 다음 각 호에 해당하는 절차를 모두 거쳐야 한다.

1. 피해학생과 그 보호자의 심의위원회 개최 요구 의사의 서면 확인
2. 학교 폭력의 경중에 대한 제14조 제3항에 따른 전담기구의 서면 확인 및 심의

③ 학교의 장은 제1항에 따른 경미한 학교 폭력에 대하여 피해학생 및 그

보호자가 심의위원회의 개최를 원하는 경우 피해학생과 가해학생 사이의 관계회복을 위한 프로그램(이하 "관계회복 프로그램"이라 한다)을 권유할 수 있다. 〈신설 2023. 10. 24.〉

④ 국가 및 지방자치단체는 관계회복 프로그램의 개발·보급 및 운영을 위하여 필요한 경우 행정적·재정적 지원을 할 수 있다. 〈신설 2023. 10. 24.〉

⑤ 그 밖에 학교의 장이 학교 폭력을 자체적으로 해결하는 데에 필요한 사항은 대통령령으로 정한다. 〈개정 2023. 10. 24.〉

학교폭력예방법 시행령 제14조의3(학교의 장의 자체해결)

학교의 장은 법 제13조의2 제1항에 따라 학교 폭력사건을 자체적으로 해결하는 경우 피해학생과 가해학생 간에 학교 폭력이 다시 발생하지 않도록 노력해야 하며, 필요한 경우에는 피해학생·가해학생 및 그 보호자 간의 관계 회복을 위한 프로그램을 운영할 수 있다.

갈등 중재 모임

갈등 중재 모임이란 무엇인가?

갈등 중재 모임은 갈등을 겪고 있는 당사자들이 직접 만나, 갈등의 원인과 해결 방안을 함께 논의하고 합의를 도출하는 과정입니다. 갈등 중재 모임은 갈등을 보다 효과적으로 해결하고, 관계를 회복하는 데 도움이 될 수 있습니다.

갈등 중재 모임의 진행 과정

갈등 중재 모임은 준비부터 합의 도출까지 5단계의 과정으로 진행됩니다.

1) 준비 단계

갈등 중재 모임을 진행하기 전에, 중재자는 갈등의 당사자들과 만나 갈등의 내용과 배경, 해결을 위한 기대 등을 파악합니다. 또한, 중재자는 갈등의 당사자들이 갈등 중재 모임에 참여할 의사가 있는지 확인하고, 갈등 중재의 원칙과 절차에 대해 설명합니다.

2) 개회 및 소개 단계

갈등 중재 모임이 시작되면 중재자는 갈등 중재의 목적과 절차를 설명하고, 갈등 당사자들을 소개합니다. 또 갈등 중재 모임에서 지켜야 할 규칙을 정합니다.

3) 갈등 진술 단계

갈등 중재 모임의 핵심은 갈등 당사자들이 서로의 입장을 이해하고, 갈등의 원인을 파악하는 것입니다. 중재자는 갈등 당사자들에게 갈등의 내용과 피해, 생각이나 감정 등을 자유롭게 이야기할 수 있도록 격려합니다.

4) 갈등 해결 단계

갈등의 원인을 파악한 후, 갈등 당사자들은 함께 갈등 해결 방안을 모색합니다. 중재자는 갈등 당사자들에게 다양한 해결 방안을 제시하고, 서로의 의견을 조율할 수 있도록 돕습니다.

5) 합의 도출 단계

갈등 당사자들이 갈등 해결 방안에 합의하면, 중재자는 합의 내용을 문서화합니다. 그리고 중재자는 갈등 당사자들이 합의를 이행할 수 있도록 지원합니다.

갈등 중재 모임의 효과

갈등 중재 모임을 통해 다음과 같은 효과를 기대할 수 있습니다.

❶ 갈등의 해결

갈등 당사자들이 직접 만나 갈등의 원인을 파악하고 갈등 해결 방안을 모색함으로써, 갈등을 보다 효과적으로 해결할 수 있습니다.

❷ 관계의 회복

갈등 중재 모임은 갈등 당사자들이 서로의 입장을 이해하고 갈등 해결을 위해 노력함으로써, 관계를 회복하는 데 도움이 될 수 있습니다.

❸ 갈등 해결 역량의 강화

갈등 중재 모임에 참여하는 것은 갈등 해결 역량을 강화하는 좋은 기회가 될 수 있습니다. 갈등 당사자들은 갈등 중재 모임에서 갈등 해결의 원칙과 절차를 배우고, 갈등을 해결하기 위한 다양한 기술을 익힐 수 있습니다.

갈등 중재 모임은 갈등을 효과적으로 해결하고, 관계를 회복하는 데 도움이 되는 중요한 과정입니다. 갈등이 발생한 경우 갈등 당사자들은 갈등 중재 모임에 참여하여 갈등을 해결하고, 관계를 회복하기 위한 노력을 해야 할 것입니다.

갈등 중재 전문가

갈등 중재 전문가란 무엇인가?

갈등 발생시 갈등 중재, 관계 회복을 위한 전문가들이 필요합니다. 갈등 중재, 관계 회복 전문가는 당사자들에게 갈등 해결의 전문적인 지식과 기술을 제공하여, 갈등을 효과적으로 해결하고 관계를 회복할 수 있도록 도와줍니다.

갈등 중재 전문가가 갖추어야 하는 능력

갈등 중재, 관계 회복 전문가는 다음과 같은 능력을 갖추어야 합니다.

❶ 갈등 해결의 전문적인 지식과 기술

갈등 중재, 관계 회복 전문가는 갈등 해결의 원리와 과정, 다양한 갈등 해결 기법에 대한 전문적인 지식을 갖추어야 합니다. 또한, 갈등 당사자들과 효과적으로 소통하고 협력할 수 있는 기술을 갖추어야 합니다.

❷ 공정성과 객관성

갈등 중재, 관계 회복 전문가는 갈등 당사자들에게 공정하고 객관적인 도움을 주어야 합니다. 따라서 갈등 중재, 관계 회복 전문가는 자신의 감정이나 편견을 배제하고, 갈등 당사자들에게 공정한 기회를 제공할 수 있어야 합니다.

❸ 경청과 공감 능력

갈등 당사자들은 갈등으로 인해 감정적으로 격앙되어 있을 수 있습니다. 갈등 중재, 관계 회복 전문가는 이러한 당사자들의 이야기를 경청하고, 공감할 수 있어야 합니다.

❹ 협력 능력

갈등 중재, 관계 회복은 갈등 당사자들이 협력하여 이루어져야 합니다. 그러므로 갈등 중재, 관계 회복 전문가는 당사자들이 협력할 수 있도록 돕는 능력을 갖추어야 합니다.

❺ 신뢰감

갈등 중재, 관계 회복 전문가는 갈등 당사자들에게 신뢰감을 주어야 합니다. 따라서 성실하고, 책임감이 있으며, 전문성을 갖추어야 합니다.

갈등 중재, 관계 회복 전문가는 갈등 당사자들이 갈등을 효과적으로 해결하고, 관계를 회복할 수 있도록 도움을 주는 중요한 역할을 수행합니다. 그렇기 때문에 갈등 중재, 관계 회복 전문가는 이러한 능력을 갖추고, 갈등 당사자들에게 신뢰감을 줄 수 있는 전문가가 되어야 합니다.

회복적 학교 확산을 위한
다섯 가지 방안

최근 들어 회복적 학교에 대한 관심이 높아지고 있습니다. 회복적 학교는 학생의 잘못을 처벌하는 방식이 아닌, 관계 회복과 피해 회복을 중심으로 하는 학교 교육 방식입니다. 학생이 잘못을 저지르면 가해자, 피해자, 그리고 주변의 다른 학생들이 함께 모여 갈등을 해결하고 화해하는 과정을 통해 모두가 성장할 수 있도록 한다는 것이 회복적 학교의 기본 철학입니다.

회복적 학교에 대한 실험은 이미 국내에서도 활발하게 이루어지고 있습니다. 일부 시·도 교육청이 회복적 학교 모델 학교를 운영하고 있으며, 수많은 학교가 회복적 학교 교육을 점차 도입하고 있습니다. 또 이러한 실험을 통해 회복적 학교가 학교 폭력 예방, 학생의 인성 함양, 학교 공동체의 활성화 등 여러 가지 긍정적인 효과를 가져다 줄 수 있다는 것이 확인되었습니다.

회복적 학교가 전국적으로 더욱 확산되기 위해서는 다음과 같은 다섯 가지 방안이 필요합니다.

1) 교사의 역량 강화를 위한 지원

회복적 학교가 확산되기 위해서는 교사의 역량 강화를 위한 지원이 필요합니다. 회복적 학교는 교사가 중심이 되어 운영되는 교육 방식입니다. 따라서 교사가 회복적 학교의 철학과 원리를 이해하고, 이를 실천할 수 있는 역량을 갖추는 것이 중요합니다. 이를 위해 교사 대상의 연수와 교육을 확대하고, 회복적 학교 운영에 필요한 교재와 자료 등을 제공해야 합니다.

2) 회복적 학교 교육과정의 체계적 개발

회복적 학교 교육과정을 체계적으로 개발해야 합니다. 회복적 학교는 교과서나 교육과정에서 별도로 다루어지지 않는 경우가 많습니다. 그러므로 회복적 학교 교육과정을 체계적으로 개발하고, 이를 학교 현장에 적용할 수 있도록 지원해야 합니다. 이를 위해 회복적 학교 교육과정의 표준안을 마련하고, 학교별 여건에 맞게 교육과정을 수정할 수 있도록 해야 합니다.

3) 학교 공동체의 참여 확대

학교 공동체의 참여를 확대해야 합니다. 회복적 학교는 학교 공동체 구성원 모두의 참여를 통해 이루어집니다. 그렇기 때문에 교사와 학생뿐만 아니라, 학부모, 지역 주민 등 학교 공동체 구성원 모두가 회복적 학교에 대한 이해와 관심을 갖도록 해야 합니다. 이를 위해 학교 공동체를 대상으로 한 교육과 홍보를 확대하는 것이 필요합니다.

4) 법과 제도의 정비

법과 제도의 정비가 필요합니다. 현재 우리나라의 학교 폭력 예방 및 대응 체계는 처벌 중심입니다. 따라서 회복적 학교가 확산되기 위해서는 학교 폭력 대응에 대한 법과 제도를 정비하여, 회복적 학교의 원칙을 반영할 수 있도록 해야 합니다.

5) 사회적 공감대 형성

사회적 공감대 형성이 필요합니다. 회복적 학교는 기존의 학교 교육 방식과는 다른 접근 방식을 취하기 때문에, 사회적 공감대 형성이 요구됩니다. 이를 위해 회복적 학교의 장점과 효과를 알리는 홍보 활동을 강화하고, 학교 현장의 실험과 연구를 통해 회복적 학교의 효과를 입증해 나가야 합니다.

회복적 학교는 학교 폭력 예방, 학생의 인성 함양, 학교 공동체의 활성화 등 여러 가지 긍정적인 효과를 가져다 줄 수 있는 교육 방식입니다. 이러한 장점을 가진 회복적 학교를 전국적으로 확산시키기 위해서는 지금까지 제시한 다섯 가지 방안을 적극적으로 추진해 나가야 할 것입니다.

　　회복적 학교의 확산은 단순히 학교 교육 방식의 변화를 넘어, 우리 사회의 갈등 해결 방식에 대한 변화를 의미합니다. 처벌과 복수에 기반한 갈등 해결 방식에서 벗어나 관계 회복과 피해 회복을 중심으로 하는 갈등 해결 방식이 확산된다면, 우리 사회는 보다 평화롭고 안전한 사회로 나아갈 수 있을 것입니다.

회복적 생활교육으로
학급을 건강하게

회복적 생활교육은 학생의 잘못을 처벌하는 방식이 아닌, 관계 회복과 피해 회복을 중심으로 하는 교육 방식입니다. 학생이 잘못을 저지르면 가해자, 피해자, 그리고 주변의 다른 학생까지 함께 모여 갈등을 해결하고 화해하는 과정을 통해 모두가 성장할 수 있도록 한다는 것이 회복적 생활교육의 기본 철학입니다.

회복적 생활교육은 학교 폭력 예방, 학생의 인성 함양, 학교 공동체의 활성화 등 여러 가지 긍정적인 효과를 가져다 줄 수 있습니다. 그래서 최근 들어 회복적 생활교육이 학급 운영에서 더욱 중요해지고 있습니다.

학급에서 진행할 수 있는 회복적 생활교육에는 다음과 같은 것들이 있습니다.

서클 타임

서클 타임은 둥글게 앉아 서로 존중과 배려의 마음으로 이야기를 나누는 활동입니다. 서클 타임은 학급 공동체의 관계를 형성하고, 갈등을 해결하며, 문제를 해결하는 데 도움이 됩니다.

서클 타임은 학급 회의, 상담, 갈등 해결, 학습 활동 등 다양한 목적으로 활용할 수 있습니다. 학급 회의를 서클 타임으로 진행하면, 학생들이 서로의 의견을 존중하고 협력하는 분위기를 조성하는 데 도움이 됩니다. 상담을 서클 타임으로 진행하면, 학생들이 자신의 감정을 표현하고 다른 사람의 입장을 이해하는 데 도움이 됩니다. 또 갈등을 해소하기 위해 서클 타임을 활용하면, 학생들이 갈등 해결을 위한 대안을 함께 모색하는 데 도움이 됩니다. 학습 활동을 서클 타임으로 진행하면, 학생들이 서로의 생각을 공유하고 협력하여 문제를 해결하는 데 도움이 됩니다.

회복적 서클

회복적 서클은 가해자, 피해자, 그리고 주변의 다른 학생들이 함께 모여 갈등을 해결하고 화해하는 활동입니다. 회복적 서클은 갈등을 해결하고 피해 회복과 관계 회복을 돕는 데 효과적입니다.

회복적 서클은 가해자와 피해자가 서로의 입장을 이해하고, 용서와 화해를 이룰 수 있도록 도와주는 활동입니다. 또한, 주변의 다른 학생들이 갈등에 대해 깊이 이해하고, 상처받은 학생을 지지할 수 있도록 도와주는 활동입니다.

HIPP(청소년 평화지킴이)

HIPP는 청소년들이 자신과 주변의 사람들을 폭력으로부터 보호하기 위해 스스로 노력하는 프로그램을 말합니다. 이 프로그램은 청소년들이 폭력의 피해자 또는 폭력 가해자가 되는 것을 예방하며, 폭력의 피해자를 보호하는 데 도움이 됩니다.

HIPP 프로그램은 청소년들에게 폭력에 대한 이해를 높이고, 폭력을 예방하고 대처하는 방법을 교육합니다. 그리고 청소년들이 폭력 피해자를 지지하고, 폭력 없는 세상을 만들기 위해 행동하는 데 힘을 실어 줍니다.

관계 지도

관계 지도는 학생들이 서로의 관계를 형성하고, 갈등을 해결하는 데 도움이 되는 교육입니다. 관계 지도는 학생들이 서로의 감정을 이해하고, 존중하는 마음을 키우는 데 도움이 됩니다.

감정 표현 교육

감정 표현 교육은 학생들이 자신의 감정을 건강하게 표현하는 데 도움이 되는 교육입니다. 감정 표현 교육은 학생들이 자신의 감정을 억누르거나 왜곡하지 않고, 적절하게 표현하는 방법을 배우는 데 도움을 줍니다.

폭력 예방 교육

폭력 예방 교육은 학생들이 폭력의 위험성을 이해하고, 폭력을 예방하는 방법을 배우는 교육입니다. 폭력 예방 교육은 학생들이 폭력에 대한 거부감을 키우고, 폭력을 예방하고 대처하는 방법을 배우는 데 도움이 됩니다.

지금까지 살펴본 회복적 생활교육들은 학생들이 서로를 존중하고, 배려하며, 갈등을 건강하게 해결하는 능력을 키우는 데 도움이 됩니다. 따라서 학급에서 적극적으로 도입하고 실천해 나갈 필요가 있습니다.

회복적 학교 문화 함께 만들어 가요

회복적 학교 문화란 무엇인가?

회복적 학교 문화란, 학생의 잘못을 처벌하는 방식이 아닌, 관계 회복과 피해 회복을 중심으로 하는 학교 문화를 말합니다. 회복적 학교 문화는 학교 폭력 예방, 학생의 인성 함양, 학교 공동체의 활성화 등 여러 가지 긍정적인 효과를 가져다 줄 수 있습니다.

회복적 학교 문화를 만들기 위하여 필요한 요건

회복적 학교 문화를 만들기 위해서는 다음과 같은 요건이 필요합니다.

1) 교사의 인식 변화

회복적 학교 문화는 교사의 인식 변화가 전제되어야 합니다. 교사는 학생의 잘못을 처벌하는 방식이 아닌, 관계 회복과 피해 회복을 중심으로 하는 갈등 해결 방식을 이해하고 실천할 수 있어야 합니다.

이를 위하여 교사 대상의 연수와 교육을 확대하고, 회복적 학교 운영에 필요한 교재와 자료 등을 제공해야 합니다.

2) 학교 공동체의 참여

회복적 학교 문화는 학교 공동체 구성원 모두의 참여를 통해 이루어집니다. 그러므로 교사와 학생뿐만 아니라, 학부모, 지역 주민 등 학교 공동체 구성원 모두가 회복적 학교에 대한 이해와 관심을 갖도록 해야 합니다.

이를 위하여 학교 공동체를 대상으로 한 교육과 홍보를 확대해야 할 것입니다.

3) 회복적 교육과정의 개발

회복적 학교 문화를 만들기 위해서는 회복적 교육과정이 필요합니다. 회복적 교육과정은 학생들이 회복적 가치관을 함양하고, 회복적 갈등 해결 능력을 키울 수 있도록 돕는 교육과정입니다.

회복적 학교 문화를 확산하기 위해서는 회복적 교육과정을 체계적으로 개발하고, 이를 학교 현장에 적용할 수 있도록 지원해야 합니다.

4) 법과 제도의 정비

현재 우리나라의 학교 폭력 예방 및 대응 체계는 처벌 중심입니다. 회복적 학교 문화가 확산되기 위해서는 학교 폭력 대응에 대한 법률과 제도를 정비하여, 회복적 학교의 원칙을 반영할 수 있도록 해야 합니다.

5) 사회적 공감대 형성

회복적 학교 문화는 기존의 학교 교육 방식과는 다른 접근 방식을 취하기 때문에, 사회적 공감대 형성이 필요합니다. 이를 위하여 회복적 학교의 장점과 효과를 알리는 홍보 활동을 강화하고, 학교 현장에서의 실험과 연구를 통해 회복적 학교의 효과를 점차 입증해 나가야 합니다.

회복적 학교 문화는 학교 폭력 예방, 학생의 인성 함양, 학교 공동체의 활성화 등 여러 가지 긍정적인 효과를 가져다 줄 수 있는 교육 문화입니다. 이러한 장점을 바탕으로 회복적 학교 문화가 확산되기 위

해서는 지금까지 제시한 다섯 가지 방안을 적극적으로 추진해 나가야
할 것입니다.

회복적 학교 문화를 완성하기 위해 실천해야 할 것

회복적 학교 문화를 완성하기 위해서는 다음 사항들을 실천해야
합니다.

1) 함께 공감하고 경청하기

회복적 학교 문화는 관계 회복을 중심으로 하는 문화입니다. 따
라서 학생들은 서로의 감정을 이해하고, 존중하는 마음을 키워야 합
니다. 이를 위해서는 학생들이 함께 공감하고 경청하는 시간을 갖는
것이 중요합니다.

2) 회복적 질문 던지기

회복적 질문은 학생의 잘못에 초점을 맞추는 것이 아니라, 학생
의 감정과 경험에 초점을 맞추는 질문입니다. 회복적 질문을 통해 학
생들은 자신의 감정과 경험을 표현하고, 다른 사람의 입장을 이해할
수 있습니다.

3) 공동체 서클 운영하기

공동체 서클은 가해자, 피해자, 그리고 주변의 다른 학생들이 함께 모여 갈등을 해결하고 화해하는 활동입니다. 공동체 서클을 통해 학생들은 서로의 입장을 이해하고, 용서와 화해를 이룰 수 있습니다.

회복적 학교 문화는 한순간에 만들어지는 것이 아닙니다. 학교 공동체 구성원 모두가 함께 노력하고 실천해 나가는 과정 속에서 완성됩니다. 회복적 학교 문화를 통해 모두가 행복한 학교를 만들 수 있기를 바랍니다.

갈등 중재에서
바꾸어 말하기의 중요성

갈등 중재나 관계 회복을 위한 모임에서, 갈등 당사자들 간의 주관적이고 감정 섞인 부정적 표현을 객관적이고 중립적인 표현으로 바꾸어 주는 것은 매우 중요합니다. 이는 듣는 사람의 공격적 방어를 줄이고, 긍정적인 방향으로 대화를 이끄는 역할을 하기 때문입니다.

예를 들어, 어떤 부부가 다투는 중에 남편이 아내에게 "너는 항상 나를 무시해!"라고 말한다면, 아내는 "내가 당신을 무시해?"라고 반박하며 감정적으로 대응할 가능성이 높습니다. 이때 조정자가 "남편은 아내가 자신의 말이나 행동을 무시한다고 느끼고 있습니다."라고 바꾸어 말한다면, 아내는 남편의 입장을 이해하기 시작하고 공격적인 방어를 줄일 수 있을 것입니다.

바꾸어 말하기의 효과

바꾸어 말하기의 효과는 다음과 같습니다.

1) 이해를 넓힙니다.

바꾸어 말하기를 통해 갈등 당사자들은 서로의 입장을 더 잘 이해할 수 있습니다. 이는 상대방의 말에 대한 오해를 줄이고, 공감과 협력을 이끌어 내는 데 도움이 됩니다.

2) 의사소통을 명확하게 합니다.

바꾸어 말하기를 통해 갈등 당사자들은 자신의 생각이나 감정을 더 명확하게 표현할 수 있습니다. 이는 의사소통의 오해를 줄이고, 효과적인 문제 해결을 위한 토대를 마련할 수 있습니다.

3) 긴장을 완화합니다.

바꾸어 말하기를 통해 갈등 당사자들은 서로를 공격하거나 방어하는 태도를 줄일 수 있습니다. 이는 대화의 분위기를 부드럽게 만들고, 건설적인 대화를 위한 분위기를 조성해 줍니다.

4) 더 많은 정보를 얻습니다.

바꾸어 말하기를 통해 갈등 당사자들은 서로에 대해 더 많은 정보를 얻을 수 있습니다. 이는 갈등의 원인을 잘 파악하고, 해결책을 모색하는 데 도움이 됩니다.

5) 상황에 대한 합리적인 평가를 촉진합니다.

바꾸어 말하기를 통해 갈등 당사자들은 상황을 객관적으로 바라볼 수 있습니다. 이는 갈등에 대한 합리적인 평가를 촉진하고, 해결책을 찾는 데 도움이 됩니다. 그렇기 때문에 갈등 중재나 관계 회복을 위한 모임에서 조정자는 바꾸어 말하기 기술을 적극적으로 활용하여 갈등 당사자들이 서로를 이해하고, 건설적인 대화를 나눌 수 있도록 지원해야 합니다.

바꾸어 말하기의 방법

바꾸어 말하기의 방법은 다음과 같습니다.

1) 감정적인 표현을 제거합니다.

부정적인 표현에 포함된 감정적인 표현을 제거합니다. 예를 들어, "너는 너무 게으르다."라는 말을 "너는 일을 더 열심히 했으면 좋겠다."로 바꾸어 표현할 수 있습니다.

2) 명확한 표현을 사용합니다.

부정적이고 모호한 표현을 더 명확한 표현으로 바꿉니다. 예를 들어, "너는 항상 내 말을 무시한다."라는 표현을 "너는 내 말을 들었으면 좋겠다."로 바꿀 수 있습니다.

3) 객관적인 표현을 사용합니다.

감정적이고 주관적인 표현을 객관적인 표현으로 바꿉니다. 예를 들어, "너는 나를 무시한다."라는 표현을 "너는 내 말에 반응하지 않았다."로 바꿀 수 있습니다.

바꾸어 말하기의 예시

· 원래 표현: "너는 항상 나를 화나게 해."

바꾼 표현: "너의 행동은 나를 화나게 만들었어."

· 원래 표현: "너는 항상 나를 괴롭힌다."

바꾼 표현: "너의 행동이 불편하다."

· 원래 표현: "너는 너무 무능하다."

바꾼 표현: "나는 너의 능력에 대해 의문이 든다."

· 원래 표현: "당신은 항상 나를 무시해. 내가 말하면 듣지도 않고, 내 이야기를 끝까지 들어 주지도 않아."

바꾼 표현: "당신은 내가 말할 때 집중하지 않고, 내 말을 끝까지 들어 주지 않아서 기분이 상하네요."

· 원래 표현: "당신은 너무 이기적이야. 항상 당신 생각만 하고, 남의 생각은 안 해."

바꾼 표현: "내가 당신의 말을 잘 이해하지 못해 그런 것 같아요. 당신이 원하는 바를 좀 더 구체적으로 말해 줄 수 있을까요?"

· 원래 표현: "너는 공부를 안 하니까, 나중에 좋은 대학을 못 가고, 좋은 직장도 못 구할 거야."

바꾼 표현: "공부를 더 열심히 하면, 나중에 더 좋은 대학에 가고, 더 좋은 직장에 취직할 수 있을 것 같아. 하고 싶은 일이 있다면, 그 일을 위해 공부를 열심히 해 보는 건 어떨까?"

갈등 분석, 효과적인 갈등 해결의 시작

갈등 분석이란 무엇인가?

갈등은 사회생활에서 피할 수 없는 현상입니다. 갈등이 발생하면 당사자들은 서로의 입장을 주장하며 대립하게 되고, 이는 다양한 문제로 이어질 수 있습니다. 갈등을 효과적으로 해결하기 위해서는 갈등의 원인을 정확히 파악하고, 적절한 대응 방안을 마련하는 것이 중요합니다.

갈등 분석은 갈등을 다양한 관점으로 이해하는 도구적 방법입니다. 갈등 분석을 통해 갈등을 둘러싼 역동과 구조뿐 아니라, 관련된 쟁점들과 문제들을 구체적으로 파악할 수 있습니다. 이는 갈등의 원인을 정확히 이해하고, 합리적인 해결 방안을 도출하는 데 도움이 됩니다.

갈등 분석의 방법

갈등 분석의 방법은 크게 다음과 같이 구분할 수 있습니다.

❶ **쟁점 분석:** 갈등의 핵심적인 쟁점을 파악하는 방법입니다.

❷ **인터페이스 분석:** 갈등 당사자들 사이의 상호작용을 분석하는 방법입니다.

❸ **구조적 분석:** 갈등의 구조적 원인을 분석하는 방법입니다.

갈등 분석은 갈등을 효과적으로 해결하기 위한 필수적인 과정입니다. 갈등 분석을 통해 갈등의 원인을 정확히 이해하고 합리적인 해결 방안을 도출한다면, 갈등을 효과적으로 해결할 수 있을 것입니다.

갈등 분석의 중요성

갈등 분석의 중요성은 다음과 같이 요약할 수 있습니다.

❶ 갈등의 원인을 정확히 파악할 수 있습니다.

❷ 갈등의 핵심적인 쟁점을 파악할 수 있습니다.

❸ 갈등 당사자들 사이의 상호작용을 이해할 수 있습니다.

❹ 갈등의 구조적 원인을 이해할 수 있습니다.

갈등 분석을 통해 갈등의 원인을 정확히 파악하면, 합리적인 해결 방안을 도출할 수 있습니다. 갈등의 핵심적인 쟁점을 파악하면, 갈등을 해결하기 위한 중재나 협상의 방향을 설정하는 데 도움이 됩니다. 그리고 갈등 당사자들 사이의 상호작용을 이해하면, 갈등을 해결하기 위한 접근 방식을 결정하는 데 도움이 됩니다. 마지막으로 갈등의 구조적 원인을 이해하면, 갈등의 근본적인 문제를 해결하기 위한 방안을 모색할 수 있습니다.

갈등 분석의 방법

갈등 분석의 방법은 다음과 같이 구분할 수 있습니다.

1) 쟁점 분석

갈등의 핵심적인 쟁점을 파악하는 방법입니다. 갈등의 원인을 파악하기 위해서는 무엇에 대한 갈등인지를 먼저 파악해야 합니다. 쟁점 분석은 갈등의 핵심적인 쟁점을 파악하는 방법으로, 갈등의 당사자들의 주장과 요구 사항을 분석하는 방식으로 이루어집니다.

2) 인터페이스 분석

갈등 당사자들 사이의 상호작용을 분석하는 방법입니다. 갈등의 원인을 제대로 파악하기 위해서는 갈등 당사자들 사이의 상호작용을 분석해야 합니다. 인터페이스 분석은 갈등 당사자들 사이의 의사소통, 협상, 대립 등의 상호작용을 분석하는 방식으로 이루어집니다.

3) 구조적 분석

갈등의 구조적 원인을 분석하는 방법입니다. 갈등의 원인을 파악하기 위해서는 갈등의 구조적 원인을 분석해야 합니다. 구조적 분석은 갈등의 원인이 되는 사회 구조, 문화, 정치, 경제 등의 요인을 분석하는 방식으로 이루어집니다.

갈등의 유형과 특성에 따라 갈등 분석 방법을 적절하게 선택하여 사용해야 합니다. 예를 들어, 이해관계가 충돌하는 갈등인 경우에는 쟁점 분석이 효과적일 수 있습니다. 또 권력이나 지위의 차이로 인한 갈등인 경우에는 인터페이스 분석이 효과적일 수 있습니다. 사회 구조나 문화의 변화로 인한 갈등인 경우에는 구조적 분석이 효과적일 수 있습니다.

양파기법

양파기법이란 무엇인가?

양파기법은 갈등 당사자들의 마음을 입장, 실익, 욕구의 세 가지 단계로 나누어 분석하는 기법입니다. 갈등은 보통 갈등 당사자들이 양립할 수 없는 의견의 충돌로 여겨집니다. 양파기법은 각 당사자들의 표면적인 입장을 넘어서서 당사자들의 실익(이해관계 interests)과 욕구(needs)를 이해하고, 그에 따른 공통기반(common ground)을 발견하는 것을 목적으로 합니다.

입장은 갈등 당사자들이 자신의 주장이나 의견을 표현하는 것입니다. 입장은 갈등의 표면적인 모습을 보여 주지만, 그 이면에는 실익과 욕구가 숨겨져 있습니다.

실익은 갈등 당사자들이 갈등을 통해 얻고자 하는 것입니다. 실익은 갈등의 원인을 이해하는 데 중요한 역할을 합니다.

욕구는 갈등 당사자들이 갈등을 통해 충족시키고자 하는 것입니다. 욕구는 갈등을 해결하기 위한 방향을 설정하는 데 중요한 역할을 합니다.

양파기법의 진행 단계

양파기법은 다음과 같은 단계로 진행됩니다.

❶ 갈등 당사자들의 입장을 파악합니다.
❷ 갈등 당사자들의 실익을 파악합니다.
❸ 갈등 당사자들의 욕구를 파악합니다.

양파기법은 갈등을 해결하기 위한 중재나 협상의 과정에 유용하게 사용될 수 있습니다. 갈등 당사자들이 서로의 입장, 실익, 욕구 등을 이해하게 되면, 갈등을 해결하기 위한 공통의 기반을 찾을 수 있기 때문입니다.

양파기법의 장점

양파기법은 다음과 같은 장점을 가지고 있습니다.

❶ 갈등의 원인을 정확히 파악할 수 있습니다.
❷ 갈등 당사자들의 이해 관계를 이해할 수 있습니다.
❸ 갈등 해결을 위한 방향을 설정할 수 있습니다.

양파기법 사용을 위해 고려해야 할 사항

양파기법을 사용하기 위해서는 다음과 같은 사항을 고려해야 합니다.

❶ 갈등 당사자들의 입장을 공감하고 이해하려는 노력이 필요합니다.
❷ 갈등 당사자들의 실익과 욕구를 추측하는 것이 아니라, 직접 확인해야 합니다.
❸ 갈등 해결을 위한 공통의 기반을 찾을 수 있도록 노력해야 합니다.

양파기법 사례

1) 사례 1

중학교 2학년 학생인 A는 B 학생에게 괴롭힘을 당하고 있었습니다. A는 B 학생에게 욕설을 듣고, 폭행을 당하기도 하였습니다. A는 학교에 가기 싫어하고, 공부를 하기 싫어하는 등 학교생활에 어려움을 겪고 있었습니다.

B 학생은 A 학생을 괴롭히는 이유를 정확히 모르고 있었습니다. B 학생은 A 학생이 자신을 싫어한다고 생각했고, A 학생을 괴롭힘으로써 자신의 존재감을 확인하고 싶었던 것입니다.

양파기법을 활용하여 갈등 당사자들의 입장, 실익, 욕구를 분석해 보았습니다.

당사자	입장	실익	욕구
A 학생	괴롭힘을 당하고 싶지 않다.	안전과 평화	안전하게 학교생활을 하고 싶다.
B 학생	A 학생을 괴롭히고 싶다.	존재감 확인	자신의 존재감을 확인하고 싶다.

갈등 당사자들이 서로의 입장, 실익, 욕구를 이해하게 되자, 갈등을 해결하기 위한 방향을 설정할 수 있었습니다. A 학생과 B 학생은

교사의 도움을 받아 서로의 입장을 이해하고, 갈등 해결을 위한 대화를 나누었습니다.

A 학생은 B 학생에게 괴롭힘을 당하는 것이 얼마나 힘든지, 그리고 B 학생의 행동이 자신에게 어떤 영향을 미치는지 이야기했습니다. B 학생은 A 학생의 이야기를 듣고 자신의 행동이 A 학생에게 큰 상처를 준다는 것을 깨달았습니다.

A 학생과 B 학생은 서로의 입장을 이해하고, 앞으로는 서로를 존중하고 배려하기로 약속했습니다. 그리고 A 학생은 학교에서 괴롭힘을 당하지 않도록 친구들과 선생님들의 도움을 받기로 하였습니다.

이렇게 양파기법을 활용하여 갈등을 해결함으로써, A 학생과 B 학생은 갈등을 해소하고 평화롭게 학교생활을 할 수 있게 되었습니다.

2) 사례 2

한 회사에서 A 부장과 B 대리가 업무 분장에 대한 갈등을 겪고 있었습니다. A 부장은 경험이 많고 실력이 뛰어난 인재였기 때문에, 모든 업무를 자신이 맡아서 처리하고 싶어 하였습니다. 반면, B 대리는 젊고 패기 있는 인재였기 때문에, 새로운 업무에 도전하고 싶어 하였습니다.

이 갈등은 갈등 당사자들의 입장을 넘어서서, 서로의 실익과 욕구를 이해하지 못해서 발생한 것이었습니다. A 부장은 자신이 회사에 기여하고 싶고, 인정받고 싶은 욕구가 있었습니다. B 대리는 자신의 능력을 발휘하고 싶고, 성장하고 싶은 욕구가 있었습니다.

양파기법을 활용하여 갈등 당사자들의 입장, 실익, 욕구를 분석해 보았습니다.

당사자	입장	실익	욕구
A 부장	모든 업무를 자신이 맡아서 처리하고 싶다.	회사에 기여하고, 인정받고 싶다.	책임감과 능력을 인정받고 싶다.
B 대리	새로운 업무에 도전하고 싶다.	자신의 능력을 발휘하고, 성장하고 싶다.	도전 욕구와 성장 욕구를 충족시키고 싶다.

갈등 당사자들이 서로의 입장, 실익, 욕구를 이해하게 되자, 갈등을 해결하기 위한 방향을 설정할 수 있었습니다. A 부장은 B 대리에게 새로운 업무를 맡기기로 하였습니다. 그리고 A 부장은 B 대리가 새로운 업무를 성공적으로 수행할 수 있도록 지원하기로 하였습니다.

이렇게 양파기법을 활용하여 갈등을 해결함으로써 두 사람은 갈등을 해소하고, 서로 협력하는 관계를 구축할 수 있었습니다.

양파기법은 갈등의 원인을 정확히 파악하고, 갈등 당사자들의 이해 관계를 이해하는 데 효과적인 기법입니다. 따라서 갈등을 해결하기 위한 중재나 협상의 과정에서 유용하게 사용될 수 있습니다.

매슬로우의 욕구 이론

매슬로우의 욕구 이론이란 무엇인가?

매슬로우의 욕구 이론은 인간의 욕구를 5단계로 구분하여 설명하는 이론입니다. 이 이론에 따르면 인간의 욕구는 생리적 욕구, 안전 욕구, 소속 및 사랑의 욕구, 자아 존중 욕구, 자아실현 욕구의 순서로 충족됩니다.

갈등은 서로 다른 이해 관계나 가치관으로 인해 발생하는 경우가 많습니다. 이러한 갈등을 해결하기 위해서는 갈등 당사자들의 욕구를 이해하는 것이 중요합니다. 매슬로우의 욕구 이론을 활용하면, 갈등 당사자들의 욕구를 보다 효과적으로 이해할 수 있을 것입니다.

예를 들어, 부부 사이에 갈등이 발생했다면, 매슬로우의 욕구 이론을 활용하여 다음과 같이 당사자들의 욕구를 분석해 볼 수 있습니다.

· 아내의 욕구: 소속 및 사랑의 욕구, 자아 존중 욕구
· 남편의 욕구: 자아 존중 욕구, 자아실현 욕구

아내는 남편의 관심과 사랑을 받고 싶어 하고, 남편은 자신의 능력을 인정받고 싶어 합니다. 이러한 욕구가 충족되지 못하면 갈등이 발생할 수 있는 것입니다.

갈등 해결을 위해서는 아내의 소속 및 사랑의 욕구를 충족시켜 주고, 남편의 자아 존중 욕구를 충족시켜 줄 수 있는 방안을 모색해야 합니다. 예를 들어, 남편은 아내를 사랑하고 있다는 것을 표현해 주고, 아내는 남편의 능력을 인정해 주도록 노력할 수 있습니다.

이처럼 매슬로우의 욕구 이론을 활용하면 갈등 당사자들의 욕구를 이해하고, 갈등을 해결하기 위한 방안을 모색하는 데 도움이 될 수 있습니다.

구체적인 사례 – 부부 갈등

구체적인 사례로, 부부 사이에 갈등이 발생했다고 가정해 보겠습니다.

아내는 남편이 집에 늦게 들어오는 것에 대해 불만이 있습니

다. 남편은 회사에 일이 많아서 어쩔 수 없다고 주장합니다.

이 경우, 아내의 욕구는 안전 욕구와 소속 및 사랑의 욕구일 가능성이 있습니다. 아내는 남편이 집에 늦게 들어오면 자신이 안전하지 못하다고 생각하고, 남편에게 소외감을 느낍니다. 남편의 욕구는 자아 존중 욕구일 가능성이 있습니다. 남편은 회사에서 인정받고 싶고, 성공하고 싶어 합니다.

이러한 갈등을 해결하기 위해서는 아내가 남편이 회사에서 열심히 일하는 이유를 이해하고, 집에 늦게 들어오는 것에 대해 불안감을 느끼는 이유를 이해해야 합니다. 또한, 남편은 아내의 안전 욕구와 소속 및 사랑의 욕구를 충족시켜 주기 위해 노력해야 합니다. 예를 들어, 남편은 아내에게 회사에 일이 많다는 것을 설명하고, 집에 늦게 들어올 때는 미리 연락을 주는 등의 노력을 할 수 있습니다.

아내가 남편의 노력을 이해하고, 남편이 아내의 욕구를 충족시켜 주기 위해 노력한다면, 갈등을 해결하고 행복한 부부 관계를 유지할 수 있을 것입니다.

구체적인 사례 – 학교 폭력

학교 폭력은 가해자, 피해자, 그리고 주변인들 모두에게 고통을 주는 심각한 사회 문제입니다. 학교 폭력을 해결하기 위해서는 가해자, 피해자, 그리고 주변인들의 욕구를 이해하는 것이 중요합니다.

매슬로우의 욕구 이론을 활용하면, 학교 폭력 당사자들의 욕구를 보다 효과적으로 이해할 수 있습니다.

1) 가해자의 욕구

학교 폭력 가해자는 대체로 다음과 같은 욕구를 가지고 있습니다.

❶ **힘과 지배 욕구:** 가해자는 타인을 지배하고, 자신의 힘을 과시하고 싶어 합니다.

❷ **사랑과 관심 욕구:** 가해자는 주변 사람들로부터 사랑과 관심을 받고 싶어 합니다.

❸ **자신감과 자존감 욕구:** 가해자는 자신의 능력과 가치를 인정받고 싶어 합니다.

2) 피해자의 욕구

학교 폭력 피해자는 대체로 다음과 같은 욕구를 가지고 있습니다.

❶ **안전과 보호의 욕구:** 피해자는 안전하게 학교생활을 하고 싶어 하고, 보호받고 싶어 합니다.

❷ **소속과 사랑의 욕구:** 피해자는 친구들과 선생님들로부터 사랑 받고 싶어 합니다.

❸ **자존감과 자신감의 회복 욕구:** 피해자는 학교 폭력으로 인해 상처받은 자존감과 자신감을 회복하고 싶어 합니다.

3) 주변인의 욕구

학교 폭력 주변인은 대체로 다음과 같은 욕구를 가지고 있습니다.

❶ **안전과 평화의 욕구:** 주변인은 학교가 안전하고 평화로운 곳 이 되기를 바랍니다.

❷ **정의와 공정의 욕구:** 주변인은 학교 폭력이 공정하고 정의롭 게 해결되기를 바랍니다.

❸ **책임과 협력의 욕구:** 주변인은 학교 폭력 문제를 해결하기 위 해 책임감을 가지고 협력하기를 바랍니다.

매슬로우의 욕구 이론을 활용하여 학교 폭력 당사자들의 욕구를 이해한다면, 학교 폭력을 해결하기 위한 방안을 모색하는 데 많은 도 움이 될 수 있습니다.

4) 구체적인 사례

학교 폭력으로 인해 피해를 입은 학생 A가 있다고 가정해 보겠습니다.

A는 가해 학생 B로부터 괴롭힘을 당하고 있습니다. 그래서 A는 학교에 가기 싫어하고, 공부를 하기 싫어하는 등 학교생활에 어려움을 겪고 있습니다.

이 경우, A의 욕구는 안전과 보호의 욕구, 소속과 사랑의 욕구, 자존감과 자신감의 회복 욕구일 가능성이 있습니다. A는 학교에서 안전하게 지내고 싶고, 친구들과 선생님들로부터 사랑받고 싶어 합니다. 또한, 학교 폭력으로 인해 상처받은 자존감과 자신감을 회복하고 싶어 합니다.

A의 욕구를 이해 후, 다음과 같은 방안을 모색할 수 있습니다.

❶ A를 안전하게 보호하기 위한 대책을 마련합니다.
❷ A가 친구들과 선생님들로부터 사랑받고 있다는 것을 느낄 수 있도록 합니다.
❸ A가 자존감과 자신감을 회복할 수 있도록 지원합니다.

이러한 방안들을 통해 A의 욕구를 충족시켜 준다면, A는 학교 폭력으로 인한 고통을 극복하고, 건강한 학교생활을 영위할 수 있을 것입니다.

학교 폭력은 단순한 개인 간의 갈등이 아니라, 사회구조적인 문제이기도 합니다. 따라서 학교 폭력을 해결하기 위해서는 학교, 가정, 지역 사회가 함께 노력해야 합니다. 매슬로우의 욕구 이론을 활용하여 학교 폭력 당사자들의 욕구를 이해하고, 보다 효과적인 해결책을 모색하는 것이 중요합니다.

5.

갈등 중재
가상 사례

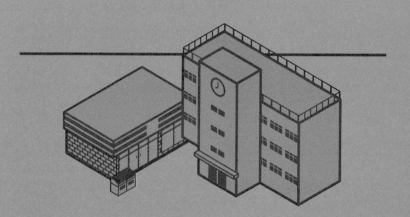

갈등 중재 가상 사례 1

작년에 가해 학생 이준수(2학년 2반)가 피해 학생 김유미(2학년 1반)의 사진을 허락 없이 찍었지만 지우라고 하고 그냥 넘어갔습니다. 그런데 올해 9월에 이준수(2학년 2반)가 김유미(2학년 1반)의 사진을 유포했다고 의심할 만한 상황이 생겨 김유미가 이준수를 학교 폭력으로 신고한 사안입니다.

*이름은 가명임

2023년 11월 22일 학교 폭력 갈등 중재

1) 참석자

· 피해자: 김유미(2학년 1반)

· 가해자: 이준수(2학년 2반)

· 중재자: 교감 선생님

2) 중재 과정

❶ 중재자의 개입

교감 선생님은 피해자 김유미와 가해자 이준수를 불러 다음과 같이 말했습니다.

"김유미 학생, 이준수 학생, 오늘은 여러분이 학교 폭력으로 신고를 한 사안에 대해 함께 이야기 나누는 자리입니다. 먼저, 김유미 학생의 이야기부터 들어보겠습니다."

❷ 피해자의 이야기

김유미는 다음과 같이 말했습니다.

"작년에 이준수가 몰래 사진을 찍어서 지우라고 했습니다. 그런데 올해 9월에 이준수가 다른 친구들에게 내 사진을 보여 주는 것 같았습니다. 그래서 이준수에게 사진을 찍어 유포하지 말라고 했습니다. 하지만 이준수는 화를 내며 내 사진을 지우지 않았습니다."

❸ 가해자의 이야기

이준수는 다음과 같이 말했습니다.

"작년에 김유미의 사진을 찍은 것은 사실입니다. 그렇지만 유포한 것은 아닙니다. 다른 친구들에게 보여 주기는 하였지만, 유포한 것은 아닙니다."

❹ 중재자의 질문

교감 선생님은 피해자와 가해자에게 다음과 같은 질문을 하였습니다.

"김유미 학생, 이준수가 다른 친구들에게 사진을 보여 주었을 때 어떤 기분이 들었나요?"
"이준수 학생, 김유미의 사진을 보여 주지 않았다고 주장하는 이유는 무엇인가요?"

❺ 피해자와 가해자의 대화

김유미와 이준수는 교감 선생님의 질문을 통해 서로의 입장을 이해하기 시작했습니다.

김유미: "이준수가 내 사진을 다른 친구들에게 보여 주는 것 같아서 무서웠습니다."
이준수: "김유미의 사진을 보여 주기는 하였지만, 유포한 것은

아닙니다. 김유미에게 잘못을 인정하고 사과하겠습니다."

❻ 중재자의 제안

교감 선생님은 피해자와 가해자에게 다음과 같은 제안을 하였습니다.

"피해자와 가해자 모두 잘못한 부분이 있습니다. 피해자는 이준수의 사과를 받아들이고, 가해자는 다시는 이런 일이 없도록 노력해야 합니다. 피해자와 가해자가 서로의 잘못을 인정하고, 용서하고 화해하는 것이 중요합니다."

❼ 피해자와 가해자의 화해

김유미와 이준수는 교감 선생님의 제안을 받아들여 다음과 같이 말했습니다.

김유미: "준수야, 사과를 받아들일게."
이준수: "유미야, 다시는 이런 일이 없도록 노력할게."

❽ 중재자의 마무리

교감 선생님은 다음과 같이 말하며 중재를 마무리했습니다.

"피해자와 가해자가 서로를 이해하고 용서하고 화해했습니다. 이것이 학교 폭력 해결의 첫걸음입니다. 앞으로도 피해자와 가해자가 서로 존중하고 배려하며, 학교생활을 잘해 나가기를 바랍니다."

3) 중재 결과

이 사례의 갈등 중재 결과는 다음과 같습니다.

- 피해자와 가해자가 서로의 잘못을 인정하고, 용서하고 화해했습니다.
- 피해자와 가해자가 서로의 입장을 이해하고, 갈등을 해결할 수 있는 방법을 배웠습니다.
- 학교 공동체 구성원들의 학교 폭력에 대한 인식을 높이고, 학교 폭력 예방을 위해 노력해야 할 필요성을 느꼈습니다.

4) 추가 사항

이 사례에서 가해자는 피해자의 사진을 허락 없이 찍은 잘못을 하였습니다. 이를 용서받기 위해서는 피해자에게 사과하고, 다시는 이런 일이 없도록 노력하겠다는 점을 인정받아야 합니다. 그리고 피해자는 가해자의 사과를 받아들이고, 가해자가 잘못을 뉘우치고 있다는 점을 이해해야 합니다.

갈등 중재 가상 사례 2

A는 C에게 "B가 2학년 때 여학생 바지를 벗겼대. 진짜일지도 몰라."라고 헛소문을 말했고, 이를 들은 C가 B에게 "너 여자 바지 벗긴 게 사실이야?"라고 물어보게 되었습니다. 이와 관련하여 B가 A를 학교 폭력으로 신고한 사안입니다.

학교 폭력 갈등 중재

1) 사안 파악

B의 담임교사는 A, B, C, 그리고 소문을 들은 친구들을 불러 사안을 파악합니다. 교사는 A와 C에게 소문의 내용을 듣고, B에게 소문에 대한 입장을 듣습니다.

2) 갈등 요인 파악

교사는 사안을 이해한 후, 갈등의 요인을 파악합니다. 이 사안의 갈등 요인은 다음과 같이 파악할 수 있습니다.

· A가 C에게 소문을 퍼뜨린 이유
· C가 소문을 다른 친구들에게 전한 이유
· 소문을 들은 친구들이 B에게 소문을 물어본 이유

A는 B와 사이가 좋지 않았고, B를 괴롭히고 싶어서 소문을 퍼뜨린 것으로 보입니다. C는 A의 말을 믿고, 또 다른 친구들에게 소문을 퍼뜨렸습니다. 소문을 들은 친구들이 B에게 소문을 물어본 것은, B에게 관심이 있었기 때문일 수도 있고, B를 괴롭히고 싶었기 때문일 수도 있습니다.

3) 갈등 해결 방안 모색

교사는 갈등의 요인을 파악한 후, 갈등 해결 방안을 모색합니다. 이 사안의 갈등 해결 방안은 다음과 같이 모색할 수 있습니다.

· A와 C의 행동에 대한 책임을 묻습니다.
· 소문을 들은 친구들에게 소문에 대한 피해를 알리고, 앞으로는

이런 일이 없도록 당부합니다.
· B의 명예를 회복하기 위한 조치를 취합니다.

교사는 A와 C가 소문을 퍼뜨린 이유를 파악하고, 이를 해결하기 위한 방법을 모색합니다. 또한, 소문을 들은 친구들이 B에게 소문을 물어본 이유를 파악하고, 이를 해결하기 위한 방법을 모색합니다. 그리고 B의 입장을 들어보고, 이에 대한 조치를 취합니다.

4) 갈등 해결 절차 진행

이 사안의 갈등 해결 절차는 다음과 같이 진행할 수 있습니다.

❶ A와 C와의 면담을 진행하여, 소문을 퍼뜨린 이유와 책임에 대해 이야기합니다.
❷ 소문을 들은 친구들과의 면담을 진행하여, 소문을 퍼뜨려서 발생한 피해에 대해 이야기합니다.
❸ B와의 면담을 진행하여, 소문에 대한 피해와 명예 회복에 대해 이야기합니다.
❹ A, B, C, 그리고 소문을 들은 친구들이 모여 갈등 해결을 위한 대화를 진행합니다.

5) 갈등 해결 결과 확인

교사는 갈등 해결 절차를 진행한 후, 갈등 해결 결과를 확인합니다. 이 사안의 갈등 해결 결과는 다음과 같이 확인할 수 있습니다.

- A와 C는 소문을 퍼뜨린 이유에 대해 진지하게 반성합니다.
- 소문을 들은 친구들은 B에게 소문을 물어본 행동에 대해 사과합니다.
- 소문이 사실이 아님을 밝히고, 소문에 대한 피해를 입은 B를 위로합니다.

이러한 갈등 해결 방안을 통해 A, B, C, 그리고 소문을 들은 친구들은 갈등을 해결하고, 서로를 이해하고 화해할 수 있을 것입니다.

6) 갈등 해결의 핵심

갈등을 해결하는 방법에는 중요한 핵심이 있습니다. 그것은 바로 소통입니다. 갈등 당사자들이 서로의 입장을 이해하고, 소통을 통해 문제를 해결하려는 노력이 필요합니다. 또한, 갈등 해결 과정에서는 공정함이 중요합니다. 갈등 당사자 모두에게 공정한 해결 방안이 제시되어야 할 것입니다.

이 사안의 경우, A, B, C, 그리고 소문을 들은 친구들이 서로의 입장을 이해하고 공정한 해결 방안을 모색하기 위해 노력한다면, 갈등을 해결하고 학교생활을 잘 할 수 있을 것입니다.

갈등 중재 가상 사례 3

4월 3일 수요일 2교시 종료 후 쉬는 시간에 2학년 교실에서 가해자가 앞문을 닫는 과정에서 피해자의 손가락 부상이 발생하였고, 이에 피해자와 가해자 간의 신체 폭력이 발생하였습니다. 이와 관련하여, 쌍방 학교 폭력으로 신고한 사안입니다.

학교 폭력 갈등 중재

1) 사안 파악

교사는 피해자와 가해자를 불러 사안을 파악합니다.

피해자는 "가해자가 쉬는 시간에 교실을 나가는 과정에서 갑자기 문을 세게 닫아서 손가락을 다쳤다. 그래서 가해자에게 항의했는데,

가해자가 화를 내며 나를 밀치고 때렸다."라고 말하였습니다.

가해자는 "피해자가 나에게 욕을 해서 화가 났다. 그래서 밀치고 때렸다."라고 말하였습니다.

2) 갈등 요인 파악

교사는 사안을 이해한 후, 갈등의 요인을 파악합니다. 이 사안의 갈등 요인은 다음과 같이 파악할 수 있습니다.

· 가해자의 부주의한 행동으로 인한 피해자의 손가락 부상
· 피해자의 항의에 대한 가해자의 공격적인 반응

3) 갈등 해결 방안 모색

이 사안의 갈등 해결 방안은 다음과 같이 모색할 수 있습니다.

· 가해자의 부주의한 행동에 대한 책임을 묻습니다.
· 피해자의 손가락 부상에 대한 치료비를 지원합니다.
· 피해자와 가해자 간의 화해를 유도합니다.

4) 갈등 해결 절차 진행

이 사안의 갈등 해결은 다음과 같은 절차로 진행할 수 있습니다.

- 가해자에게 부주의한 행동에 대한 책임을 묻고, 피해자에 대한 사과를 요구합니다.
- 피해자의 손가락 부상에 대한 치료비를 지원합니다.
- 피해자와 가해자 간의 화해를 위한 대화를 진행합니다.

5) 갈등 해결 결과 확인

이 사안의 갈등 해결 결과는 다음과 같습니다.

- 가해자는 부주의한 행동에 대해 진지하게 반성하고, 피해자에게 사과합니다.
- 피해자의 손가락 부상 치료비는 학교에서 지원합니다. (학교안전공제회 가능 여부 확인)
- 피해자와 가해자는 서로 화해하고, 앞으로는 이런 일이 없도록 약속합니다.

이러한 갈등 해결 방안을 통해 피해자와 가해자는 갈등을 해결하고, 서로를 이해하고 화해할 수 있을 것입니다.

6) 갈등 해결의 핵심

갈등 당사자들이 서로의 입장을 이해하고, 소통을 통해 문제를 해결하려는 노력이 필요합니다. 또한, 갈등 해결 과정에서는 공정함이 중요합니다. 갈등 당사자 모두에게 공정한 해결 방안이 제시되어야 합니다.

이 사안의 경우, 피해자와 가해자가 서로의 입장을 이해하고 공정한 해결 방안을 모색하기 위해 노력한다면, 갈등을 해결하고 당사자들이 학교생활을 원만하게 할 수 있을 것입니다.

6.

갈등 해결을 위한
마무리

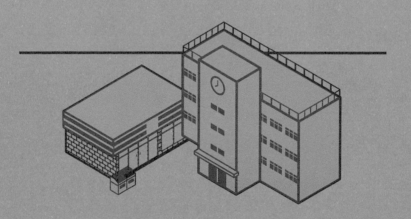

갈등 조정, 서두르면 망친다

2020년 12월 P시 공터에서 A 고교 고1 학생 20명이 연루된 학교 폭력이 발생하였고, 쌍방 간의 뒷담화(언어 폭력)로 학교 폭력 사안이 학교에 접수되었습니다. 학교 폭력 전담기구에서 학교장 자체해결로 종결 가능하였지만, 최초 신고인(보호자)의 감정 격화로 교육청 학교 폭력 심의위원회에 심의 개최 요청을 하게 되었습니다.

학교 폭력 담당 교사나 학부모를 대상으로 강연을 하게 되면 꼭 하는 이야기가 있습니다. 바로, 학교 폭력이 발생하면 절차대로 진행하되, 보호자들이 해당 학교에서 한 번 이상 만나는 것을 추천 드린다는 것입니다.

사안 초기에 피해 관련 학생 및 보호자 대부분은 감정이나 느낌이 상당히 흥분되고 분노가 치밀어서, 어떠한 갈등 중재도 거부하는 경우가 대부분입니다. 하지만 학교 폭력 전담기구가 개최하는 날짜 전후로 감정선의 변화가 생기게 되고, 이때쯤 상대 보호자를 한번 만나보고 싶다는 생각이 듭니다.

그렇다고 해도 피해 관련 측에서 먼저 신호를 보내는 것은 어렵습니다. 그러므로 해당 학교 책임교사나 담임교사, 교감 등이 나서서 양측 보호자들이 만남을 원하는지 체크해야 합니다. 해당 학교에서는 학폭 사안 조사를 서두르면 안 됩니다. 학교 폭력 전담기구 개최 날짜가 빠르면 갈등 중재나 관계 회복을 위한 모임을 주선하기 곤란합니다. 가능하면, 학교 폭력 전담기구 심의 날짜는 최대 3주를 꽉 채우는 것이 여러 면에서 유리합니다.

일부 학교에서 피해 관련 보호자 측의 독촉으로 사안 조사를 서두르다가 일을 그르치는 경우가 많습니다. 학폭 처리는 신속하게 하는 것도 중요하지만, 매뉴얼과 시나리오에 따라 꼼꼼하게 해 나가야 됩니다.

현재, 학교 폭력 예방법에 따라 신고인(피해 관련) 측이 만남에 동의하지 않으면 만날 수 없는 구조입니다. 억지로라도 만남이 있어야 하지만, 현실적으로 힘듭니다. 그렇기 때문에 학교 책임교사는 학교 폭력 전담기구에서 학교장 자체해결 요건을 심의하기 전날까지, 양측 보호자들이 대면하는 것을 원하는지 확인해야 합니다. 만날 의향이 있는 경우, 해당 학교의 적당한 장소에 모임을 마련하고 배석해 주면 됩니다. 신고인(피해 관련 보호자) 측은 학교 폭력 전담기구 회의(학교장 자체해결 요건 심의) 전에, 피신고인(가해 관련 보호자)을 한 번 이상 만나는 것을 제안 드립니다. 피해자 측에서 생각하는 것과 실제 만나서 이야기를 나눠 보는 것은 전혀 다르기 때문입니다.

관련 보호자들은 해당 학교 책임교사에게 연락하여 갈등 중재를 주선하도록 이야기하고 협조하면 됩니다. 교육지원청 학폭 심의 간사의 성향에 따라 그냥 심의하는 교육지원청도 있고, 갈등 중재나 관계 회복 가능성 타진 등을 조금이라도 노력하는 교육지원청이 있을 수 있습니다. 보호자는 교육지원청의 간사에게 연락이 오면 그나마 관심을 가지고 있다고 생각하면 됩니다.

학교에서 3주, 교육지원청 심의 개최일까지 4주, 총 7주 이상이 소요되기 때문에 보호자들의 감정 변화가 찾아올 수 있습니다.

2주 이상의 진단서 제출 등이 없는 경우에는, 교육청 심의 개최일 1일 전까지 심의 취소도 가능합니다. 피해 관련 측 보호자는 사안 접수부터 최대 7주 이내에 동의하면, 심의 개최일까지 상대편 보호자를 만날 수 있습니다.

학교나 교육청은 사안으로 발생한 심리 상담 및 조언 비용, 치료 및 치료를 위한 요양 비용 등에 대해서 심의 전에 중재를 하지는 못합니다. 다만, 양측 보호자들이 원만하게 합의하는 경우, 그것으로 갈음할 수 있습니다. 갈등 중재 모임 자리에서 보호자들끼리 오고 가는 대화에 비용 부분이 있는 경우, 학교 교사나 교육지원청 장학사는 적극적으로 개입하지 못합니다. 이 점은 보호자들도 잘 이해해 주실 것입니다.

갈등 조정은 쉬우면서도 어려운 부분입니다. 현재 교육지원청 학폭 장학사들은 학교 폭력 대책 심의위원회 소위원회 간사 역할도 하고 있기 때문에, 갈등 조정이나 관계 회복에 많은 시간을 투자하기 어려운 시스템입니다.

그렇지만 최근 교육부는 학교 폭력 예방 및 근절에 대해서 진취적인 자세를 취하고 있습니다. 또 경기도 교육청의 경우 화해 중재단을 조직하여 능동적인 개입을 통해 사안을 지혜롭게 해결하고 있습니다.

사과란 무엇인가?

초등 3학년 A 양과 B 양은 같은 학교이면서 같은 학급 학생으로 평소에 친하게 지내 왔습니다. 그런데 다른 친구와의 대화에서 B 양이 A 양을 뒷담화하는 것에 대한 불편함을 호소하는 과정에서 사안이 증폭되어, A 양이 B 양을 언어 폭력으로 신고한 사안입니다. A 양은 B 양이 진심 어린 사과를 하였으면 학폭으로 신고하지 않고 좋게 마무리하려고 하였지만, B 양은 증거가 없다며 잘못을 인정하지 않았습니다.

사안 초기의 사과가 중요

사안 초기에 가해 관련 학생이 피해 관련 학생에게 자신의 잘못을 뉘우치고 인정하였다면, 학교 폭력으로까지 진행되지 않는 경우가 많습니다.

해당 학교의 학폭 담당교사 또는 담임교사는 가해 관련 학생에게 상대방(피해) 입장에서 생각할 수 있도록 성찰의 시간을 주어야 합니다. 무조건적인 사과나 화해 종용은 일을 그르칠 수 있습니다. 해당 학교 교사가 가해 관련 학생이 왜 그런 언행을 했는지 듣고 공감하는 부분이 중요합니다. 충분한 공감과 경청은 "그래도 선생님이 내가 왜 그런 행동을 했는지 공감해 줘서 좋았어."라는 반응을 불러일으킬 수 있습니다. 물론, 피해 관련 학생 측의 이야기도 들어야 합니다.

그런 다음, 교사는 "상대 학생과 만나서 이번 사안에 관해서 대화해 보겠니?"라고 당사자들에게 물어봐야 합니다.

쌍방이 동의한 경우, 대화의 장에 교사는 배석하여 진행하게 됩니다. 가해 관련 학생에게는 "너의 잘못을 인정하고, 진심으로 사과할 의향이 있니?"라고, 피해 관련 학생에게는 "가해 관련 학생의 사과를 받아 주고, 용서해 줄 생각이 있니?"라고 확인하는 절차를 진행합니다.

가해 관련 학생과 보호자는 사안 초기에 진심 어린 사과의 태도를 보여야 하는데, 형식적인 사과와 사과 편지 등은 오히려 피해 관련 학생 측에서 괘씸하다고 생각할 수 있습니다.

"가해 관련 학생이나 보호자의 사과하는 방식과 태도가 마음에 안 들어요.", "폭력을 행사하고도 저렇게 뻔뻔하게 대면하는 것에서 비웃음이 느껴져요."라는 말을 심심찮게 들을 수 있습니다.

확인서에 표현된 사과

가해 관련 학생 및 보호자는 확인서를 작성하게 되는데, 종이에 적힌 반성하는 문구만으로는 진심이 담긴 반성의 태도를 측정하기 어려운 부분이 많습니다. 대부분의 가해 관련 학생은 자신이 행한 행위에 대해서 전부 부정하거나 일부만 인정하기도 하며, 반성이나 사과하는 문구가 아예 없는 일도 있습니다.

"내가 너에게 폭력을 행사한 것은 네가 잘못했기 때문이야.", "내가 화가 나서 너에게 패드립을 한 거야.", "네가 먼저 화가 나게 만들어서 다른 친구들에게 뒷담화한 거야." 등의 사과가 아닌 변명을 늘어놓는 경우도 많습니다.

해당 학교의 학폭 책임교사는 전담기구에서 학교장 자체해결 요건을 심의하면서 학생과 보호자의 반성 정도, 화해 정도를 기재하게 됩니다. 이때 학생과 보호자의 확인서는 중요한 역할을 합니다.

직접 만나서 사과

피해 관련 보호자 입장에서는, 내 아이가 폭력을 당했는데 사과 한마디만으로 용서한다는 것은 어렵습니다. 진심 어린 사과를 느끼고 받아들여야 하는 것입니다. 피해 관련 학생과 보호자가 "이 정도면 진심으로 사과를 하는 것 같아.", "가해 관련 학생 및 보호자의 진심 어린 사과가 느껴졌어."라고 할 수 있어야 합니다. 그래야만 갈등 조정이 되고, 관계 회복을 도모할 수 있습니다.

진심이 담긴 사과를 하여도 피해자 측에서 받아들이지 않는 경우도 많습니다. 이럴 경우 교육지원청의 학교 폭력 심의위원회 심의를 하게 됩니다. 이때 가해 학생 조치 결정의 판단 기준으로 삼는 요소들 중에 반성의 정도, 화해의 정도가 중요합니다.

진심 어린 사과란 무엇인가?

국어사전에 '사과'란 '자기의 잘못을 인정하고 용서를 비는 것'이라고 나와 있습니다. 진심을 다해 스스로의 잘못을 인정하고 용서를 구하는 것이 바로 '사과'인 것입니다.

피해자는 상처가 치유되어야 마음을 열 수 있습니다. 대부분의 가해 학생들은 "내가 사과를 했는데, 피해 학생이 받아 주지 않아요.", "우리끼리는 잘 지내는데, 피해 학생 보호자가 끝까지 가려고 해요."

등 사과의 힘든 부분을 호소하기도 합니다.

중요한 점은, 사과하는 가해 학생은 사과를 하였다고 생각하지만, 사과 받는 입장의 피해 학생 측은 진정성 있는 사과를 받아야 끝난다고 생각하는 것입니다. 양측이 사과를 받아들이는 방식에서 차이가 발생합니다. 모든 가해 관련 학생 및 보호자가 자신의 행위로 인해서 피해 관련 학생 및 보호자에게 준 피해와 트라우마, 마음의 상처 등을 온전히 치유할 수 있는 진심 어린 사과를 배웠으면 좋겠습니다.

갈등 없이 살 수 있을까? 없을까?

사람들은 '갈등'이라는 단어에 대해서 부정적으로 생각하는 경향이 있습니다. 갈등이라는 말 자체를 사람들은 싫어합니다. 서로 간의 '의견 대립'이나 '말싸움' 등은 갈등보다 좋게 생각할 수 있지만, 여기에 갈등이라는 문구를 붙이는 순간, 불편한 시선으로 바라봅니다. 그렇지만 우리 삶의 주변에는 늘 갈등이 도사리고 있습니다.

'갈등하는 사람, 갈등을 유발하는 사람, 갈등에 휩싸인 사람, 갈등을 중재하는 사람' 등을 긍정보다는 부정적인 것으로 치부합니다. 하지만 갈등은 늘 우리 주변에 있고 우리의 삶에 영향을 줍니다. 갈등이라는 상황에 민감하게 반응하지 않고 갈등을 받아들이는 태도를 조금이라도 바꾼다면, 쉽게 갈등을 해결할 수 있을 것입니다.

갈등의 대부분은 사람과의 관계 속에서 발생합니다. 혼자서도 갈등을 겪을 수 있지만 그것은 본인이 선택하는 영역이기 때문에, 대부분 시간이 지나면 해결되는 경우가 많습니다. 대다수의 갈등은 사람과 사람 사이에서 발생하며, 일이나 문제로 만들어진 관계에서 발생합니다.

사람과의 관계가 충분하지 않은 짧은 시간의 상황에서는 갈등이 크게 야기되거나 번지지 않습니다. 예를 들어, 어느 커피 전문점에서 아메리카노를 시켰는데 카페 라떼가 나왔을 때, 그냥 그대로 먹거나 원래 시켰던 아메리카노로 교환 요청을 하면 갈등 구조는 금방 사라집니다. 이렇게 갈등은 짧은 관계의 시간에서는 잘 발생하지 않습니다. 오랜 시간 함께 생활하면서 주로 갈등이 발생하며 지속되는 경우가 많습니다.

갈등이 발생했을 때 한쪽만의 노력으로 갈등이 해결되는 경우는 드뭅니다. 대부분의 갈등은 양쪽의 입장 차이로 인해 지속됩니다. 만약 한쪽만의 노력으로 갈등이 소멸된다면, 그것은 보통 그 관계를 단절하는 형태로 이루어집니다. 그러나 대부분의 갈등은 서로의 입장 차이가 있어서 계속되는 경향이 있습니다.

갈등은 우리 삶 속에서 지극히 비정상적이거나 불편한 상황이 아니라, 누구나 쉽게 겪는 흔한 상황이며 자연스러운 일입니다. 갈등이

적은 사람들은 문제에 적응하는 능력과 포용하는 능력이 탁월한 사람
이라는 특징을 갖고 있을 뿐입니다.

우리가 소속되어 있는 조직이나 집단, 가정에 구조적인 문제가
있을 때에도 갈등이 발생하게 됩니다. 갈등에는 힘의 논리가 숨겨져
있습니다. 양측의 입장이 비슷하여, 한 쪽이 원하는 대로 일방적으로
처리하지 못할 경우 발생하는 것입니다. 따라서 약자 입장에서는 힘
들고 어려운 상황에서 지내기보다는 갈등이 생성되는 것이, 갈등이
아예 없는 상황보다 유리한 입장이 됩니다.

강자가 약자의 입장을 인정하고 갈등 상황 속에서 힘의 균형을
유지하게 되면, 강자는 섣불리 약자를 무시하고 결정을 내릴 수 없습
니다. 갈등을 불편한 관계, 힘의 우위의 관계, 불공정한 관계를 개선
할 수 있는 기회로 삼는다면, 우리 사회의 갈등을 능동적으로 관리하
고 대응하는 계기가 될 수 있습니다. 그리고 갈등이 여러 사람을 힘들
게 하지 않도록 관리하는 것이 바로 갈등 조정입니다.

관계 회복을 위한 노력

관계 회복, 학교는 어떻게 진행해야 하나?

학교 폭력 예방법 시행령 제14조의3(학교의 장의 자체 해결)에 의하여, 학교의 장은 관련 학생 및 보호자 간의 관계 회복을 위한 다양한 노력을 진행해야 합니다.

관계 회복의 목적은 양측의 관계를 회복시키는 것이므로, 상호 이해와 소통, 대화의 과정을 통해 피해 학생 측의 입장을 충분히 고려해야 합니다. 그리고 가해 학생 측의 반성에 대한 올바른 인식 정립을 한 후, 진심 어린 사과와 관계 개선을 통한 회복을 도모해야 합니다. 이를 통해 심리·정서적 안정, 학교생활과 일상생활, 또래(교우) 관계 등의 안정적 적응과 신속한 복귀를 촉진할 수 있을 것입니다.

그런데 관계 회복은 장점이 많음에도 불구하고 피해 학생 측의 의사를 우선적으로 고려해야 하며, 프로그램에 참여하겠다는 동의 여부를 확인하며 진행해야 합니다. 동의 없는 일방적인 관계 회복 프로그램 진행은 오히려 역효과만 가져올 수 있기 때문입니다.

관계 회복 프로그램은 학교 폭력 사안에 관련된 학생들을 대상으로 진행합니다. 진행하기 전에 양측 개별 면담을 통해 각자가 요구하는 사항과 사안에 대한 해결 방식, 각자의 심리·정서적인 상태 등을 탐색합니다. 관련 학생들이 관계 회복을 위한 준비가 되었고, 상호 동의하였을 경우 관계 회복 프로그램을 시작합니다.

학교에서는 관계 회복 프로그램을 진행하기 전에 교원들마다 프로그램에서 하는 역할을 정하게 되는데, 보통 학교에 존재하는 학교 폭력 전담기구 교원 위원들이 참여하는 방식을 선호하고 있습니다. 왜냐하면 학교 폭력 사안에 대해 잘 알고 있는 교사의 개입이 효율적이기 때문입니다.

학교 폭력 전담기구 교원 위원이 꼭 아니더라도, 생활 지도 경험이 많은 교사, 관련 학생들과 관계 형성이 양호한 교사 등이 참여하는 경우도 있습니다.

관계 회복 프로그램은 학교에서 운영할 수 있는 모든 것이 해당 됩니다. 사전 개별 면담에서 관련 학생이 원하는 프로그램을 제안하면 반영할 수 있습니다. 주로 Wee클래스에서 전문 상담교사의 상담, 심리 치료 등의 프로그램을 운영할 수 있으며, 외부 기관과 연계하여 운영할 수도 있습니다.

그러나 관계 회복 프로그램 진행이 사안 처리를 갈음할 수는 없습니다. 심의위원회 조치의 결과 대신 진행하여, 조치를 변경하거나 경감 등의 조건부로 진행할 수 없다는 의미입니다. 말 그대로 관련 학생들의 교육적인 회복, 진심 어린 반성(화해) 등을 위해 학교에서 진행할 수 있는 프로그램입니다.

관계 회복 프로그램 진행 시 참고 사항

관계 회복 프로그램 진행 시 참고해야 할 사항은 다음과 같습니다.

❶ 학교에서는 관련 학생들이 동의한 경우에만 진행됩니다.
❷ 프로그램 진행 중에 관련 학생 중 한 명이라도 중단을 요구하는 경우, 즉시 중단될 수 있습니다.
❸ 관계 회복 프로그램을 진행한다고 해서 나쁜 사이가 급작스럽게 좋아지거나 개선될 거라 기대하는 것은 위험합니다.

❹프로그램이 효과를 보기 위해서는 사전에 학교나 교사가 보호
자와 면담 등을 통해 프로그램의 목적을 잘 설명해야 합니다.

❺무엇보다 사안 이후 상호 소통을 통해 안전한 학교생활을 할
수 있도록 노력하는 것임을 안내하는 것이 중요합니다.

❻프로그램의 목적은 관련 학생들이 학교 및 일상생활, 또래와의
관계에 잘 적응할 수 있도록 도움을 주는 것입니다.

❼관계 회복 프로그램은 강제적인 운영이 아닌, 피해 학생의 의
사를 존중하여 진행되는 것입니다. 또 학교 폭력 사안이 발생
했다고 무조건 운영하는 것은 아닙니다.

학교 폭력 예방법 시행령 제14조의3(학교의 장의 자체 해결)

학교의 장은 법 제13조의2 제1항에 따라 학교 폭력 사건을 자체적으로 해
결하는 경우 피해 학생과 가해 학생 간에 학교 폭력이 다시 발생하지 않도록
노력해야 하며, 필요한 경우에는 피해 학생·가해 학생 및 그 보호자 간의 관
계 회복을 위한 프로그램을 운영할 수 있다. [본조 신설 2020.2.25.]

관계 회복 프로그램 진행 시 가정에서의 도움

관계 회복 프로그램을 진행할 때 가정에서는 다음과 같은 도움을
주는 것이 좋습니다.

❶ 피해 관련 학생의 가정

· 심리적 어려움에 대해 공감하는 것이 중요합니다.

· 자녀의 사안과 상태를 고려하여 안정감을 주는 접근이 필요합니다.

· 대화할 때는 정서적, 신체적으로 안정을 찾게 해 주어야 합니다.

· 자녀가 원하는 것이 무엇인지 파악해야 합니다.

· 자녀가 사안의 책임이 자신에게 있다는 자책감을 느끼지 않도록 해야 합니다.

· 필요할 경우 외부 전문가의 도움을 요청해야 합니다.

❷ 가해 관련 학생의 가정

· 가해 행동에 대한 사실 확인을 합니다.

· 자녀가 이야기한 사실을 확인하는 과정을 거칩니다.

· 자녀가 가해 행동을 한 원인에 대해 탐색합니다.

· 탐색을 통해 사안 해결점을 찾도록 하며, 추가적인 가해 행동을 하지 않도록 합니다.

· 자녀에게 가해 행동에 대해 비난이나 훈계 등은 하지 않습니다.

· 앞으로 어떤 행동을 해야 되는지에 관하여 대화를 나눕니다.

일선 학교에서는 학폭 절차 이전에 화해를 위한 자리를 마련하고 있습니다. 그런데 취지와 달리 오히려 새로운 갈등을 유발하는 자리가 되기도 합니다. 참여하는 학생들이 서로 자기의 입장만을 이야기하고, 오해를 해소하는 과정이 자칫 피해 학생을 성토하는 자리가 되거나, 가해 학생들이 자신의 입장을 항변하는 자리로 변질되지 않도록 사전에 학생들에게 충분한 교육이 필요합니다.

중요한 것은 '화해를 통한 관계 회복'이라는 점을 주지시키고, 자신의 입장을 대변하는 자리가 아닌, 상대의 생각을 들어 보고 상대의 입장에서 생각해 보는 기회를 갖도록 지도해 주어야 합니다.

화해를 중재하는 과정에서 교사가 별 문제의식 없이 피해자의 잘못이나 가해자의 잘못을 언급하는 경우, 관련 학생 측은 교사의 중립성을 문제 삼거나, 가해자 앞에서 피해자의 잘못도 있다는 식으로 지적했다며 반발하기도 합니다.

또 학교 폭력이 일 대 다수인 경우에 프로그램에 관련 학생들을 동시에 참여시키게 되면, 피해자가 다수의 학생들로부터 받는 위압감으로 인하여 자신의 입장을 충분히 이야기하지 못하는 상황이 생길 수 있습니다. 심지어 화해를 위한 자리가 피해자를 집단 성토하는 자리였다고 주장하는 경우도 있습니다.

화해를 위해 마련한 자리가 학부모 싸움으로 번져 오히려 상황을 악화시키고 학폭 절차로 진행되는 경우도 의외로 많습니다. 그래서 관련자가 여러 명인 경우 단체로 화해의 자리를 마련하기보다는, 개별적인 대화와 화해의 자리를 마련하는 것이 효율적일 수 있습니다. 일 대 다수의 학생이 연관된 사안이라면, 피해자와 가해자가 한 명 한 명 대면하여 서로의 입장을 듣고 이해하는 시간이 되도록 배려하는 것이 진솔한 화해의 기회가 될 수 있습니다.

관계 회복을 위한 시간은?

학교 폭력으로 신고가 되면, 통상 학교장 자체해결 요건을 심의하는 기간은 2주 이내, 최대 3주 이내입니다. 그렇기 때문에 관계 회복이나 갈등 조정을 위한 시기는 신고 이후부터 2주에서 3주 이내라고 보면 됩니다.

학교장 자체해결 요건 4가지를 충족하였지만 신고인의 부동의로 인해 교육지원청 학교 폭력 대책 심의위원회 심의 요청을 한 경우에도, 심의 개최일 1일 전까지 심의 취소가 가능합니다. 따라서 관계 회복을 위한 노력은 교육지원청 심의 개최일 하루 전까지도 가능합니다.

최근, 학교 폭력 신고 이후 교육지원청 심의 요청까지 진행된 경우였지만, 피해 학생 및 보호자 측에서 가해 학생 및 보호자의 진심 어린 사과와 재발 방지를 약속받고, 심의를 취소하는 사례가 늘고 있습니다.

학교나 교육지원청도 꾸준히 피해자의 입장에서 상처와 트라우마가 온전하게 회복될 수 있도록 도와야 하며, 나아가 모든 교육 공동체가 노력해야 할 것입니다.

공감, 관계를 잇는 다리

공감이란 무엇인가?

공감은 의사소통 기술 중 하나로, 다른 사람의 감정을 이해하고 함께 느끼는 능력을 말합니다. 공감은 단순히 다른 사람의 감정을 판단하거나 평가하는 것이 아니라, 그 사람의 내면세계 안에서 그의 신뢰할 만한 동반자가 되는 것입니다.

공감은 관계를 잇는 다리 역할을 합니다. 서로의 마음을 이해하고 연결해 주는 것입니다. 공감이 이루어지면 서로의 감정이 교류되고, 상대방에 대한 이해와 신뢰가 형성됩니다.

그리고 공감은 갈등을 해결하는 데에도 도움이 됩니다. 갈등이 발생했을 때 서로의 감정을 공감한다면, 갈등을 해결하기 위한 협력이 가능해집니다. 공감은 서로의 입장을 이해하고, 타협점을 찾을 수 있도록 도와줍니다.

공감은 개인의 성장에도 도움이 됩니다. 공감은 타인의 감정을 이해하고 배려하는 능력을 키워 줍니다. 공감 능력이 있는 사람은 타인에 대한 이해와 관심이 많아지고, 사회적으로 더 나은 인간관계를 형성할 수 있습니다.

공감의 실천 방법

공감은 하루아침에 이루어지는 것이 아닙니다. 공감 능력을 키우기 위해서는 꾸준한 노력이 필요합니다. 다음과 같은 방법들을 통해 공감 능력을 키울 수 있습니다.

1) 경청하기

공감의 첫걸음은 경청입니다. 상대방의 말을 끝까지 들어 주고, 그 의미를 이해하려고 노력해야 합니다. 상대방의 말을 끊거나, 자신의 생각을 강요해서는 안 됩니다.

2) 공감적 질문하기

공감적 질문은 상대방의 감정을 이해하는 데 도움이 됩니다. 예를 들어, "지금 기분이 어떠세요?", "어떻게 생각하세요?"와 같은 질문을 통해 상대방의 감정을 파악할 수 있습니다.

3) 자신의 경험과 연결시키기

상대방의 감정을 자신의 경험과 연결시켜 보는 것도 도움이 됩니다. 상대방이 어떤 감정을 느끼는지 이해하기 위해, 자신이 비슷한 상황에서 느꼈던 감정을 떠올려 보는 것입니다.

4) 공감의 표현

공감의 표현은 상대방에게 자신의 이해와 관심을 전달하는 것입니다. 예를 들어, "그런 일이 있어서 속상하시겠어요.", "많이 힘드시겠어요."와 같은 말을 통해 공감을 표현할 수 있습니다.

공감의 사례

공감의 중요성을 보여 주는 사례는 많습니다. 다음은 그중 하나입니다.

어떤 학교에서 한 학생이 다른 학생에게 폭력을 행사하는 사건이 발생하였습니다. 학교 측은 가해 학생을 징계하기로 결정하였습니다. 가해 학생은 자신이 잘못을 저지른 것을 인정했지만, 억울함을 호소하였습니다. 가해 학생은 "나는 그 친구가 싫어서 폭력을 행사한 것이 아니다. 그 친구가 계속해서 나를 괴롭혀서 그랬다."라고 말하였습니다.

학교 측은 가해 학생의 이야기를 듣고, 가해 학생의 입장을 이해하기 위해 노력하였습니다. 학교 측은 가해 학생이 다른 학생에게 괴롭힘을 당한 사실을 확인하고, 가해 학생을 상담에 보내도록 조치하였습니다. 가해 학생은 상담을 통해 자신의 감정을 이해하고, 폭력을 행사한 것에 대해 반성하는 기회를 가졌습니다.

위 사례에서 학교 측은 가해 학생의 입장을 이해하고 공감하기 위해 노력함으로써, 가해 학생을 억울함에서 해방시켜 주고, 그가 폭력을 행사한 것에 대해 반성할 수 있도록 도왔습니다.

이렇듯 공감은 우리 삶의 다양한 측면에서 중요합니다. 공감을 통하여 우리는 다른 사람과 진정한 소통을 할 수 있고, 관계를 돈독하게 만들 수 있으며, 사회를 더 나은 곳으로 만드는 데에도 기여할 수 있습니다. 따라서 우리는 공감 잘하는 법을 배워야 합니다. 공감 능력을 키우면 더 나은 인간관계를 형성하고, 개인의 성장에도 많은 도움이 될 것입니다.

경청, 소통의 꽃

경청이란 무엇인가?

의사소통은 인간관계의 기본입니다. 의사소통을 통해 우리는 서로의 생각과 감정을 나누고, 이해하고, 공감할 수 있습니다. 의사소통의 기술 중에서도 경청은 매우 중요합니다. 경청은 말 그대로 상대방의 말을 잘 듣는 것입니다. 하지만 단순히 듣는 것만으로는 경청이라고 할 수 없습니다. 상대방이 전달하고자 하는 내용을 정확하게 이해하고, 상대가 존중받고 있다고 느끼도록 해야 합니다.

경청의 중요성

경청이 중요한 이유는 다음과 같습니다.

❶ 상대방의 말을 정확하게 이해할 수 있습니다. 경청을 통해 우리는 상대방이 전달하고자 하는 내용을 정확하게 파악할 수 있으며, 이는 의사소통의 전제 조건입니다.

❷ 상대방이 존중받고 있다고 느끼도록 합니다. 경청은 상대방이 자신의 말을 중요하게 여기고 있다는 것을 느끼게 해 줍니다. 이는 상대방과의 관계를 돈독하게 만드는 데 도움이 됩니다.

❸ 열린 마음을 가지도록 돕습니다. 경청을 통해 우리는 상대방의 입장에서 생각하고, 이해할 수 있게 됩니다. 이는 편견과 고정관념을 버리고 열린 마음을 가지도록 도와줍니다.

❹ 건강한 상호작용을 독려하며, 발전적 대화가 가능하도록 합니다. 경청을 통해 우리는 상대방의 생각과 감정을 이해하고, 공감할 수 있게 됩니다. 이는 서로의 의견을 조율하고, 갈등을 해결하는 데 도움이 됩니다.

❺ 상대의 필요와 욕구를 정확하게 이해할 수 있습니다. 경청을 통해 상대방이 무엇을 원하는지, 어떤 도움을 필요로 하는지 파악할 수 있고, 이는 상대방을 도울 수 있는 기회를 제공합니다.

❻ 경청은 상대방이 적극적으로 소통할 수 있도록 촉진합니다. 경청을 통해 우리는 상대방이 자신의 생각과 감정을 안전하게 표현할 수 있는 환경을 제공합니다. 이는 상대방이 적극적으로 소통하도록 도울 수 있습니다.

경청은 소통의 꽃이라고 할 수 있습니다. 경청을 통해 우리는 진정한 소통을 할 수 있고, 건강한 관계를 형성할 수 있습니다. 따라서 우리는 경청의 중요성을 인식하고, 경청의 기술을 익혀야 합니다.

경청의 기술

경청의 기술은 다음과 같이 요약할 수 있습니다.

· 눈을 맞추고, 고개를 끄덕이며, 관심을 표현합니다.
· 중간에 말을 끊지 않고, 끝까지 들어 줍니다.
· 상대방의 말을 제대로 이해했는지 확인합니다.
· 공감적 표현을 통해 상대방의 감정을 이해하고 있음을 표현합니다.

학교 현장에서의 경청 사례

다음은 학교 현장에서의 경청 사례입니다.

❶ 교사와 학생의 대화

어느 날, A 학생이 담임교사에게 상담을 요청하였습니다. A 학생은 학교생활에 적응하지 못하고, 친구들과도 잘 어울리지 못하는 어려움을 겪고 있었습니다. 교사는 A 학생의 말을 경청하며, A 학생의 생각과 감정을 이해하려고 노력하였습니다. 교사는 A 학생에게 자신의 경험을 이야기하며, A 학생이 용기를 내도록 도왔습니다. A 학생은 교사의 진정성 있는 경청에 힘을 얻었고, 학교생활에 적응하기 위해 노력하기 시작하였습니다.

❷ 학생들 간의 대화

어느 날, B 학생과 C 학생이 다투게 되었습니다. B 학생은 C 학생이 자신을 무시한다고 생각하였고, C 학생은 B 학생이 자신을 괴롭힌다고 생각하였습니다. 두 학생은 서로의 입장을 이해하지 못하고, 감정만 격해졌습니다. 이때, D 학생이 두 학생을 중재하기 위해 나섰습니다. D 학생은 두 학생의 말을 경청하며, 서로의 입장을 이해하도록 도왔습니다. 두 학생은 D 학생의 도움으로 서로의 입장을 이해하고, 화해할 수 있었습니다.

이러한 사례에서 볼 수 있듯이, 학교 현장에서의 경청은 학생 개개인의 어려움을 이해하고, 갈등을 해결하며, 협력을 이끌어 내는 데 도움이 됩니다. 따라서 학교 현장에서는 경청의 중요성을 인식하고, 경청의 기술을 익히기 위한 노력을 해야 할 것입니다.

7.

부록

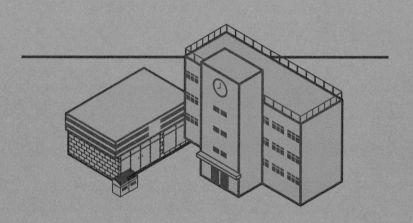

학교 갈등 조정 시 참고 사항

학교 갈등 조정은 학교 내에서 발생한 갈등을 해결하기 위한 절차입니다. 갈등 조정을 통해 갈등을 원만하게 해결함으로써, 학교 구성원 간의 관계 회복과 학교 공동체의 발전을 도모할 수 있습니다.

갈등 조정을 진행할 때에는 다음 사항들을 참고하는 것이 좋습니다.

1) 간사의 역할과 책임

갈등 조정에서 간사는 양측 당사자의 의견을 듣고, 중재하고, 합의를 도출하는 역할을 합니다. 따라서 간사는 다음과 같은 사항을 준수해야 합니다.

❶ 중립성과 공정성을 유지해야 합니다.

❷ 양측 당사자의 의견을 공정하게 경청해야 합니다.

❸ 양측 당사자 간의 합의를 도출하기 위해 노력해야 합니다.

2) 절차와 유의 사항의 준수

갈등 조정은 사전에 공지된 절차와 유의 사항에 따라 진행됩니다. 그렇기 때문에 양측 당사자도 다음과 같은 사항을 반드시 준수해야 합니다.

❶ 갈등 조정 절차에 적극적으로 참여해야 합니다.

❷ 중립성과 공정성을 저해하는 언행을 삼가야 합니다.

❸ 합의를 위한 노력을 기울여야 합니다.

3) 소통의 기반 확보

갈등 조정은 양측 당사자 간의 소통을 통해 이루어집니다. 그러므로 전문가에 의한 절차 진행과 사안 설명 등을 통해 소통의 기반을 확보하는 것이 중요합니다.

4) 합의와 학교장 자체해결의 차이

갈등 조정의 결과로 합의가 이루어질 수도 있고, 학교장 자체해결로 이어질 수도 있습니다. 합의는 양측 당사자가 모두 동의하는 결과를 의미하는 반면, 학교장 자체해결은 학교장이 갈등의 내용을 검토하여 결정하는 결과를 의미합니다. 따라서 갈등 조정의 목표는 합의를 이루는 것이 아니라, 양측 당사자 간의 갈등을 원만하게 해결하는 것이라 할 수 있습니다.

5) 양측 당사자 분리

갈등 조정 과정에서 양측 당사자 간의 감정적인 대립이 심하거나, 대화가 원활하게 이루어지지 않는 경우, 양측 당사자를 분리하여 대화를 진행하는 것도 하나의 방법입니다. 양측 당사자를 분리하여 대화를 진행하면 각자의 입장을 충분히 이해하고, 합의의 가능성을 높이는 데 도움이 될 수 있습니다.

6) 추가 사항

갈등 조정을 진행할 때에는 다음과 같은 사항에도 유의하는 것이 좋습니다.

❶ 갈등 조정은 신속하게 이루어지는 것이 바람직합니다. 갈등이 장기화되면 당사자들 간의 감정적인 대립이 심해지고, 해결이 어려워질 수 있습니다.

❷ 갈등 조정은 비밀로 유지되어야 합니다. 갈등 조정 과정에서 이루어진 대화 내용은 비밀로 유지되어야 합니다. 그래야 당사자들이 갈등 조정에 적극적으로 참여하고, 진솔한 대화를 나눌 수 있습니다.

❸ 갈등 조정은 지속적으로 이루어져야 합니다. 갈등이 원만하게 해결되더라도, 당사자들 간의 관계 회복을 위해서는 지속적인 노력이 필요합니다. 그렇기 때문에 갈등 조정 이후에도 당사자들 간의 관계 회복을 위한 프로그램을 운영하는 것이 좋습니다.

갈등 조정은 학교 구성원 간의 갈등을 해결하고, 학교 공동체의 발전을 도모하기 위한 중요한 절차입니다. 위의 참고 사항들을 숙지하여 갈등 조정을 성공적으로 이끌 수 있기를 바랍니다.

관계 회복은 권장이 아닌 필수로

학생들 간에 발생하는 학교 폭력은 학교장 자체해결로 종결되거나, 교육청 심의 개최 이후 조치결정 통보서를 통해 피해 학생 보호 조치, 또는 가해 학생 선도 조치를 받을 수 있습니다. 그렇더라도 모든 갈등이 소멸되지는 못합니다. 피해 학생과 가해 학생 간 갈등의 불씨는 여전히 존재하는 것입니다.

피해 학생이 원하는 것은 진심 어린 사과와 반성이며, 가해 학생이 원하는 것은 피해 학생에게 사과와 반성의 마음을 전달할 기회를 제공받는 것입니다. 하지만 현행법적으로는 피해 학생 측에서 동의하지 않으면, 서로 만나서 대화를 나눌 자리를 마련하거나 사과 편지를 전달하는 것조차도 어렵습니다.

한마디로, 피해 학생 측에서 동의를 해야 갈등 조정 모임을 가질 수 있는 것입니다. 일선 학교에서도 학생 및 보호자들에게 교육적인 갈등 조정이나 관계 회복을 위한 자리를 만들려고 노력하지만 법적 구속력이 없는 권장 사항이다 보니, 피해 관련 측에서 원치 않으면 전혀 진행할 수 없는 노릇입니다.

또한, 갈등 조정이나 관계 회복 프로그램 운영의 중요성은 인식하고 있지만, 당장 운영할 인력이나 전문성도 부족한 것이 현실입니다. 현재 갈등 당사자들이 갈등 조정이나 관계 회복을 원할 경우, 해당 학교에서는 대면하는 자리를 마련하거나 교육지원청에 지원 요청을 하는 것이 전부인 실정입니다.

관계 회복을 위한 노력

최근 3년간 학교 폭력 심의 건수와 학교장 자체해결 건수는 증가 추세에 있습니다. 코로나19로 인하여 2020년 주춤하던 학폭 추세는, 2021년 등교 수업과 원격 수업을 병행하면서 꾸준히 증가하였고, 2022년 전면 등교 수업을 진행하면서 폭증하는 추세를 맞고 있습니다.

대부분의 학생들은 코로나19의 여파로 친구들 간의 교우관계를 정상적으로 설정하지 못하였고, 학교 폭력의 저연령·저학년화로 인하여 초등 저학년의 학교 폭력 빈도가 높아지고 있습니다. 그리고 원격 수업을 경험한 학생들은 사이버 공간 속에서의 폭력에 고스란히 노출되었으며, 사이버폭력에 대한 인식이 부족한 학생들이 다양한 유형의 사이버 폭력을 저지르고 있습니다.

학교 폭력은 그 무엇보다도 사안 초기 대응이 제일 중요합니다. 가해 학생의 진심이 담긴 사과와 반성 및 가해 학생 보호자의 화해를 위한 노력이 피해 학생의 일상으로의 복귀를 가능하게 할 수 있습니다. 그런데 현재 일선 학교 학폭 업무 담당자에게 주어지는 것은 학교 폭력 사안 처리 가이드북이 전부이며, 담당자도 가이드북의 처리 절차에 따라 진행할 뿐입니다. 사안 처리 중심의 행정 절차로 진행할 수밖에 없기 때문에, 관계 회복이나 갈등 중재의 역할은 빈약한 실정입니다.

한편, 학교장 자체해결로 종결된 사안에 대해서도 사후 교육적인 조치가 필요합니다. 당사자인 학생 및 보호자들이 동의한 경우, 반드시 갈등 조정 및 관계 회복을 위한 절차가 제도적으로 뒷받침되어야 할 것입니다.

그래서 현직 교사와 예비 교육을 위한 관계 회복과 갈등 관리 연수가 반드시 필요합니다. 교사들은 교사-교사, 교사-학생, 교사-학부모, 교사-관리자, 교사-교육행정직 등 다양한 주체들과의 갈등에 직면하고 있습니다. 슬기롭게 해결할 수 있는 혜안이 필요한 때입니다.

감정 다스리는 법을 가르쳐야

분노조절장애는 주의가 산만한 ADHD나 우울증과는 달리, 순간의 화를 참지 못하여 폭력적으로, 공격적으로 변하는 증상을 보입니다. 이는 가정에서 아이들의 행동을 무조건 수용해 주고, 아이의 문제를 부모가 대신 해결해 주는 양육 태도가 영향을 미친 것으로도 볼 수 있습니다.

또 아동·청소년들의 지나친 인터넷 게임 중독과 학업 지상주의 교육이 감정 조절을 힘들게 하고 있습니다. 학교에서는 사소한 갈등이나 말다툼이 폭력으로 이어져 학교 폭력 사안으로 지정되는 경우가 흔합니다. 사회에서는 사소한 말다툼이 범죄로 이어지기도 합니다.

최근 언론에 보도된 대형 사건 중에도 분노를 제대로 표출하지 못해 발생하는 범죄를 쉽게 찾아볼 수 있습니다. '욱'하는 사람들이 늘어나고 있는 것입니다. 분노조절장애는 분노(분하여 성을 내는 것)와 관련된 감정을 이성적으로 조절할 수 없는 상태를 말합니다. 그래서 이러한 사람을 언제 터질지 모르는 '지뢰'나 '폭탄' 등에 비유하기도 합니다.

이 증상은 주로 청소년기에 발병하여 만성적인 질환으로 이어지기도 합니다. 발병 연령은 대체로 14세이며, 여성보다는 남성에게서 쉽게 나타납니다.

분노조절장애와 유사한 용어로 '인격장애'라는 것이 있습니다. 인격장애란 성격의 경향이 편향된 상태로, 사회적 기능과 행동이 불가능할 정도로 자신과 주변 환경에 대한 배려나 이해심 등 공감 및 지각 능력이 부족한 사람을 말합니다.

2015년 건강보험심사평가원의 '보건의료 빅데이터 개방 시스템'에 따르면, 인격장애(특정 인격장애)로 인하여 진료를 받는 인원은 2015년 4,455명이었으며, 남성 진료 인원(60.9%)이 여성 진료 인원(39.1%)에 비해 많았습니다. 연령대별로 보면 20대(37.2%)가 가장 많은 비중을 보였으며, 30대(18.4%), 40대(12.4%), 20세 미만(9.7%)이 그 뒤를 이었습니다.

더불어민주당 최혜영 의원이 국민건강보험공단의 관련 자료를 분석해 공개한 데이터를 살펴보면, 최근 5년간 분노조절장애로 인하여 진료를 받고 있는 환자의 수는 2017년 2,161명, 2018년 2,242명, 2019년 2,249명으로 꾸준히 증가하는 추세입니다.

분노조절장애가 있는 사람은 스스로 분노를 조절하지 못하여 아예 이성을 잃어버리는 '블랙아웃(Blackout)' 상태가 되기도 하며, 상대방의 사회적 지위와는 전혀 상관없는 행동을 하기도 합니다. 이러한 행동은 결국 정상적인 사회 생활을 하지 못하게 만듭니다. 사람마다 성격이 다르듯, 분노 조절 능력 역시 다릅니다. 하지만 스스로 분노를 조절하지 못한다면, 다른 사람들에게 엄청난 피해를 줄 수 있습니다.

2016년 경찰청이 발표한 '2015 통계 연보'에 따르면, 2015년 발생한 폭력 범죄 37만 2723건 중 우발적이거나 현실에 불만을 품고 저지른 분노조절장애형 범죄가 전체의 41.3%(14만 8035건)를 차지한다고 합니다. 10건 중 4건이 분노조절장애로 인하여 충동적으로 저지른 범죄인 것입니다. 이제 가정에서부터 아동·청소년들이 감정 조절을 잘할 수 있도록 많은 관심과 노력을 기울여야 합니다. 자신의 감정을 숨기지 말고 솔직하게 표현할 수 있는, 즉 자존감이 높은 어른으로 성장할 수 있는 환경을 만들어 주어야 할 것입니다.

어른들은 아동·청소년들이 자신의 감정을 제대로 모르는 경우도 있다는 것을 인지하고, 감정에 대한 다양한 사례를 알려 주며, 스스로 감정을 이해할 수 있도록 조력자의 역할을 해야 합니다. 아직도 많은 어른들은 아동·청소년들이 짜증을 내는 경우, 화부터 내면서 윽박지릅니다. 그러나 아동·청소년이 무엇을 원하는지 먼저 이야기를 들어 주어야만 합니다. 그래야 아이들이 감정을 표현하게 되고 원만하게 대화를 이어갈 수 있을 것입니다.

이제부터라도 자라나는 새싹들에게 화를 내지 말고 토닥여 주며, 자신의 감정을 다스리는 방법을 가르쳐 주어야 합니다. 그러면 아동·청소년들이 자신의 감정 표현에 자신감을 갖고, 다양한 상황에 적절히 대처하는 능력이 구비되어, 상대방을 배려하는 자존감 높은 어른으로 성장할 수 있을 것입니다.

"우리 아이가 증거"라는 학부모에게

"우리 아이가 증거"라는 혼자만의 생각

학교 폭력으로 신고되어도 명확한 증거나 물증이 없는 사안들이 많습니다. 명확한 증빙이 없는 경우 학교 폭력 사안으로 끌고 가기 어려운 부분이 생기기 때문에, 가능하면 미리 준비하고 진행해야 합니다.

증거나 물증은 없고 자녀의 주장이나 정황만으로 학폭 신고를 하였는데 사안 조사에서 뚜렷한 증빙이 없는 경우, 현실적으로 학폭으로 진행하기가 어려운 구조입니다.

"우리 아이가 증거다. 증거는 없지만, 우리 아이가 지금 힘들어서 학교에 가지 못하고 있다. 이것이 증거다."라는 주장을 많이들 합니다. 이런 경우 해당 학교 책임교사나 전담기구 등에서 사안 조사는 진행할 수 있지만, 경찰·검찰과 같은 사법기관이 아니기 때문에 사안에 대한 수사권이 없습니다. 한계가 있다는 뜻입니다.

해당 학교 책임교사 등은 해당 학교에서 기피하는 업무를 담당하는 선생님일 뿐입니다. 학폭의 피해자임을 입증하는 것도 결국은 피해 학생 및 보호자가 대부분 준비해야 하는 부분이라는 것입니다. 만약, 가해 관련 학생 및 보호자가 피해를 입힌 것을 인정하고 반성하고 있으며, 학생 확인서에 미안한 감정 등이 기록되어 있으면 그래도 다행입니다. 하지만 그렇지 않은 경우가 대부분입니다.

학폭 유형에서 왕따, 따돌림, 괴롭힘 등은 정서적인 폭력이라고 하는데, 이들은 더욱 증거를 수집하기 어려운 구조입니다. 사이버폭력의 경우, 증거나 물증을 저장하거나 캡처라도 할 수 있으니 그나마 나은 편입니다.

증거나 물증이 없이 자녀의 주장과 정황만으로 우선 학폭 신고를 하고, 그 이후를 끌고 가려는 피해 관련 보호자분들은 다시 한번 생각하셔야 합니다. 긴 시간 동안 상처와 고통이 수반됩니다. 학폭으로 인정받으면 다행스러운 일이지만 대부분 학폭 아님, 또는 증거 불충분, 조치 유보 등의 통보를 받게 됩니다.

2주 이상의 진단서 제출, 자체 해결을 막는다

학교에 제출된 2주 이상의 진단서로 인해서, 쉽게 해결될 수 있는 일임에도 불구하고 도움을 드리지 못하게 되는 경우가 있습니다. 대부분 발급한 진단서를 담임교사나 책임교사 등에게 제출할 때 이런 경우에 대하여 전달받지 못했다고 하여, 민원의 소지가 있음도 알려 드립니다.

보호자들은 2주 이상의 진단서를 발급 받더라도, 가능하면 학교에는 제출하지 않고 가지고 계시는 것을 추천 드립니다. 학교 폭력 예방법에 따라, 2주 이상의 진단서 해당 학교 제출은 학교장 자체해결 요건이 충족되지 못하는 경우에 해당하기 때문입니다. 또한, 교육청 심의 요청 이후 다시 취소하려고 해도, 2주 이상의 진단서 제출로 인하여 결국 심의까지 갈 수밖에 없습니다.

즉, 학폭 사안이 발생하고 피해 관련 학생 및 보호자는 2주 이상의 진단서를 발급받아 학교에 제출하는데, 이럴 경우 학교장 자체해결 요건에 맞지 않아서 결국 교육청 심의까지 가야 한다는 것입니다. 잘 해결될 수도 있는 사안이지만 진단서 제출로 인해, 학교나 교육청에서는 더 이상 도움을 드릴 수 없게 됩니다.

2주 이상의 진단서 제출은 피해자 측에서 피해를 받은 상황을 알리기 위해서 행하는 조치의 일부이기는 합니다. 그런데 학교장 자체

해결이 되지 못하여 교육청에 심의 요청까지 한 경우, 그때 심의위원회에 참석해서 2주 이상의 진단서를 제출하셔도 무방합니다.

학교에 2주 이상의 진단서를 제출하는 순간, 더 이상 교육적인 해결(갈등 조정, 관계 회복)은 진행할 수 없습니다. 2주 이상의 진단서 제출이 발목을 잡아서 교육청 심의까지 진행되는 경우를 종종 보게 됩니다.

그러므로 아무리 화가 나고 속상하더라도 2주 이상의 진단서는 교육청 심의까지 가는 경우에 제출하는 것을 추천 드립니다. 학교에 미리 제출하지 않는 것이 좋습니다. 단, 1주 내외의 의사 소견서나 진단서는 제출하여도 무방합니다.

다른 학교, 같은 아파트 거주 초등학생들의 학폭 갈등 조정, 어떻게 이루어졌나?

A 초등학교 3학년 남학생, B 초등학교 5학년 남학생이 서로 친하게 형, 동생 사이로 지내고 있었습니다. 그러다 장난이 심해지고 서로 간의 욕설로 인하여 사이가 틀어져서, 3학년 남학생이 5학년 남학생을 학교 폭력으로 신고한 사례입니다. (가공한 사례)

장학사, 변호사가 배석하여 진행한 갈등 조정 모임 사례

5학년은 3학년에게 심한 장난으로 신체 폭행을 가했고, 그러다 3학년과 5학년 서로 쌍방 욕설이 이루어진 상황이었습니다. 또한, 3학년은 5학년의 물건을 가지고 놀다가 파손하였고, 결국 상호 쌍방 학교 폭력으로 신고된 사안입니다.

신고 측 보호자는 같은 학교도 아니고, 자녀보다 상급생이라서 보호자들끼리 만나는 것은 엄두도 내지 못한 실정이라, 그냥 학폭으로 신고한 경우입니다.

A, B 학교는 사안 조사를 진행하였고, 최초 신고자인 3학년 측에서 그냥 학폭으로 가고자 하였기에, 5학년 측에서도 맞신고한 경우입니다.

해당 학교 전담기구에서 보호자 부동의로 교육지원청에 학폭 심의 개최 요청을 한 상황이었습니다. 교육지원청으로 심의 요청이 들어오면, 대부분 학폭팀의 총괄 장학사나 담당자들이 책임교사, 보호자들에게 유선 연락을 하게 됩니다. 그리고 사안을 검토한 후 관계 회복이나 갈등 조정 가능성이 있는 경우, 해당 학교 책임교사에게 연락하여 협조를 구하게 됩니다.

다행히 이번 사안은 양측 보호자가 동의하여, 해당 학교의 회의실에서 책임교사, 보호자, 관리자, 교육지원청의 장학사, 변호사가 배석하여 갈등 조정 모임을 진행하였습니다.

갈등 중재 모임이나 관계 회복 모임의 진행은 대부분 역량 있는 교사(전문상담교사, 책임교사, 배석한 장학사 등)가 담당하게 되며, 모임의 진행 약속 등을 정하게 됩니다. 상호 참석자를 소개한 다음 발언 기회를 제공하고, 반론 기회도 제공합니다. 진행자는 보호자들 간의 발언 기회, 책임교사들의 발언 기회를 부여하고, 중간중간에 정리 멘트를 하기도 합니다.

대부분의 보호자들은 자녀의 주장과 입장을 옹호하는 발언을 많이 하게 되며, 상대방의 입장을 경청하려는 자세가 부족합니다. 하지만 자녀가 잘못한 행위에 대해서는 진심 어린 사과와 반성, 재발 방지를 위한 대책을 내놓아야 합니다. 그런데 현실은 자녀가 이만저만해서 때릴 수밖에 없었다, 상대방 측에서 원인 제공을 하였다는 식으로 진행되어 갈등 조정이 어려워지는 경우도 발생합니다.

이번 사안에서는, 최초 신고인 측에서 상대방 보호자의 발언과 주장을 수용하면서도 우려의 부분을 말씀해 주셨습니다. 서로 학교는 다르지만, 두 학생이 거주하는 아파트가 같기 때문에 오가면서 동선이 겹칠 수 있다는 것입니다. 이에 대해 해당 학교에서는 하교 이후에 학생들을 관리하는 부분의 한계를 표명하였고, 양측 보호자들이 하교 이후 가정에서 좀 더 신경 쓰는 것으로 입장을 정리하였습니다. 해당 학교에서는 앞으로 이와 같은 사안이 발생하지 않도록 재발 방지 및 예방 교육에 힘쓰겠다고 다짐하였습니다.

마지막으로 갈등 조정 모임에서 양측이 학교장 자체해결 또는 심의 취소에 동의한 경우, 양식에 서명하는 것으로 종결됩니다.

최근, 아이들의 사소한 장난이나 오해, 갈등 등이 싸움으로 변질되어 학폭으로 신고되고 있으며, 이 중 절반 이상이 보호자의 부동의로 교육지원청의 심의 요청에 이르게 됩니다. 보호자가 분노나 감정을 잘 조절하는 것이 반드시 필요한 요즘입니다.

친구가 때렸는데, 오리발을 내밀어요

모 초등학교 2학년 남학생 A는 여러 차례에 걸친 신체 폭력으로 같은 학급 남학생 B에게 감정이 상한 상태였습니다. 그런데 학교 복도에서 또다시 남학생 B가 아무 이유 없이 A의 어깨 쪽을 툭툭 2대 때린 사안입니다. (가상 사례)

잘못을 인정하지 않는 학생에게

남학생 A는 더 이상 참지 못하겠다고 생각하여 학교 폭력으로 신고를 하였지만, 그 당시 복도에 목격 학생도 없었고, CCTV는 상황이 발생하는 장면을 찍지 못하는 사각지대에 설치되어 있었습니다. 가해 관련 B 학생은 철저하게 그런 적이 없다고 오리발을 내민 상태였고,

B 학생 보호자 또한 자녀의 주장을 뒷받침하는 보호자 역할만 할 뿐이었습니다.

양측의 주장이 다르고, 증거나 물증이 하나도 없었기에 학교장 자체해결 4가지의 요건은 충족하지만, 피해 관련 보호자가 동의하지 않아 학교 폭력 전담기구에서 교육지원청에 심의 요청을 해야 하는 상황입니다. 피해 관련 보호자들은 자녀의 피해를 인정받을 수 있는 증빙이 없는 것을 충분히 알고 있었지만, 괴롭힘에 대한 억울함이 학폭 신고로 이어졌습니다. 심의 요청까지 가야 할 상황이지만 명확한 근거가 없어서 속을 태우고 있는 경우입니다.

피해자의 피해를 입증할 만한 증거나 물증이 불충분한 경우, 이러지도 저러지도 못하게 됩니다. 해당 학교의 학폭 책임교사는 최선을 다해 사안 조사에 임했지만 양측의 입장 차이만 확인할 수 있었으며, 수소문하여도 목격자를 찾을 수 없었습니다. 피해를 입은 행위는 B 학생에게 존재하지만, 입증할 근거가 없는 것입니다. 학교장 자체 해결로 종결하고 싶어도 가해 관련 학생 및 보호자의 태도가 좋지 않고, 그렇다고 교육지원청에 심의 요청을 하여도 뾰족한 수가 없다는 것이 맹점입니다.

증거가 부족한 학교 폭력 사안은 교육지원청 학교 폭력 대책 심의위원회에서도 학교 폭력으로 인정받기 어려운 구조입니다. 심의 시

양측의 진술과 주장을 충분히 들어보고 결정하지만, 양측의 주장이 다르고 증거나 물증이 전혀 없는 경우 대부분 학교 폭력 아님으로 결론이 납니다.

현재 학교 폭력 전담기구에서 자체해결 요건을 심의하는데, 증거가 불충분한 사안을 학교장이 학폭 아님으로 종결 처리할 수는 없습니다. 또 대부분의 보호자가 동의하지 않아서 교육지원청 심의 요청까지 진행됩니다.

이런 경우 피해 관련 학생 및 보호자가 가해 학생에게서 진심 어린 사과와 재발 방지를 약속 받을 수 있는 장치를 마련해야 합니다. 우선, 해당 학교에 추후 이런 일이 발생하지 않도록 노력할 것을 주문해야 하며, 행위에 대한 목격자 진술이나 CCTV 녹화 등 상대방이 인정할 수 있는 물증을 최대한 확보하도록 해야 합니다.

해당 학교에서는 재발 방지에 최선을 다해야 합니다. 같은 학급의 학생이라면 자리 배치, 모둠 구성, 움직이는 동선 관리, 상급 학년 반 배정 등에 세심한 배려를 해야 합니다. 그리고 무엇보다 중요한 것은, 잘못을 인정하지 않는 학생에 대한 지도일 것입니다.

성급하게 사건을 판단하고 혼내기만 할 경우, 아이는 오히려 잘못을 인정하지 않을 수 있습니다. 상황에 대해 천천히 물어보고 들어 주어야 합니다. 공감해 주면 아이의 마음이 열리게 되며, 자신의 잘못도 인정할 수 있습니다. 친구를 밀치거나 살짝 때린 행위가 자신에게는 장난이지만, 상대방에게 상처를 준다는 것을 모를 수 있습니다. 더구나 평상시에 늘 그런 장난을 받아 주었던 친구라면 더욱 그럴 것입니다. 나의 장난, 실수, 오해가 누군가에게 상처와 고통을 줄 수 있음을 알려 주어야 합니다. 세상의 모든 것들이 자기 중심적으로 움직이지 않는다는 것을 가르쳐 주어야 합니다.

다른 사람들과 관계를 맺기 위해서는 배려가 필요하고 서로 협력해야 하는데, 그 시작은 가정입니다. 가정에서 자녀에게 일정한 역할을 부여하고 스스로 해결할 수 있도록 연습을 시키는 것이 필요합니다. 가정은 바로 사회의 시작이기 때문입니다.

학폭 갈등 후 학교생활 당사자는 부모가 아닌 자녀

2021년 11월 S시 공터에서 A 고교, B 고교, C 고교 고1 학생 3명이 연루된 학교 폭력이 발생하였고, 서로 간의 욕설과 명예훼손으로 쌍방 학교 폭력 사안이 학교에 접수되었습니다. 학교장 자체해결로 종결 가능하였지만, 첨예한 갈등과 보호자들 간의 감정 격화로 학교 폭력 전담기구에서 교육청 학교 폭력 심의위원회에 심의 개최를 요청하게 되었습니다.

친구 간의 사소한 갈등, 오해, 장난 등이 폭력으로 증폭되어 학교 폭력이라는 커다란 올가미에 갇히게 됩니다. 그때 보호자인 부모는 적극적인 개입을 통해서 폭력 사안을 해결해야 합니다. 부모는 학교 폭력을 어떻게 해결하는 것이 자녀를 위해서도, 가정의 평화를 위해서도 좋을 것인가를 고민하게 됩니다.

갈등은 칡과 등나무가 서로 복잡하게 얽혀 있는 것처럼, 서로 다른 이해관계나 생각이 얽혀 있을 때 생깁니다. 사람들은 살아가는 동안 무수히 많은 갈등을 경험하게 되는데, 이럴 경우 갈등에 적절히 대응하는 요령이 필요합니다. 갈등이 더 이상 심각해지지 않게 하면서, 대화를 모색하는 것입니다.

그런데 갈등이 발생했을 때 강경한 대응으로 더욱 갈등의 골을 깊게 만들어 버리는 경우도 발생합니다. 이러면 초기 갈등 상황보다 더욱 해결이 어려워지는 구조로 변하게 되며, 점차 나아지고 개선되는 상황으로는 전개되지 못합니다.

아무리 화가 나더라도 갈등 관계에 있는 상대방을 모욕하거나 비방하는 태도를 취해서는 안 됩니다. 예를 들어, 학교 폭력으로 신고된 자녀에 대해 침착하고 냉정하게 받아들이지 않고 맞신고하여 상대방을 자극하는 행위, 또는 관련된 갈등을 여러 사람에게 알리는 행위 등은 일을 그르치게 만드는 요인이 됩니다.

상대방을 자극하는 행위들은, 직접적으로 상대를 비방하지 않았다고 해도, 상대방이 비방, 모욕, 명예훼손 등으로 이해할 가능성이 큽니다. 그러면서 갈등이 더욱 악화되는 것입니다.

아이들이 학교생활을 하는 데 있어서도 다양한 갈등 관계를 겪게 됩니다. 이때에도 상대방을 험담하거나 뒷담화하는 것은 옳지 못한 자세입니다.

갈등 상황에 놓인 상대방과 대화하기 위해서는 상대방을 비방하지는 말아야 하며, 상대방이 '그래도 피신고인 측에서 갈등을 해결하려는 노력이 보이는구나.'라는 생각을 하게 해 주어야 합니다. 상대방이 안심을 해야 갈등 해결을 위한 대화의 장에 나올 수 있습니다.

대부분의 갈등 상황에 대처하는 효율적인 방법은 초기 대응입니다. 갈등의 조짐이 보일 때, 더 이상 갈등이 심해지지 않도록 적극적으로 대응하는 지혜가 필요합니다.

예를 들어, 학교 폭력이 발생하면 3주 이내에 학교 폭력 전담기구에서 학폭 심의를 하게 됩니다. 심의하기 전에 양측 학생 또는 보호자가 갈등을 해결하기 위한 만남을 한 번이라도 해야 합니다.

현재 학교 폭력 예방법의 테두리 안에서는 갈등 조정이나 관계 회복을 위한 모임은 의무 사항이 아닌 권장 사항으로 치부되고 있습니다. 또한, 신고인(피해 관련 측)이 갈등 조정이나 화해를 위한 모임에 동의를 해야 대화를 나눌 수 있습니다. 그러다 보니 학교 폭력 사안이 학교장 자체해결 요건을 충족하였지만 피해 관련 측에서 자체해결에 동의하지 않아서, 결국 학교 폭력 전담기구에서 교육청에 심의 요청을 하는 사례가 많습니다. 심의 요청 전에 갈등 조정이 이루어지지 못한 것입니다.

학교 측이나 피해 관련 측에서 적극적으로 나서지 못하는 현실입니다. 혹시라도 자녀가 가해 관련 측이면, 학교에 갈등 해결을 위한 모임을 원한다고 요청하는 것이 좋겠습니다.

갈등 조정이 될지, 안 될지는 일단 당사자들이 만나야 알 수 있습니다. 자녀가 학폭의 피해 관련 학생이라면, 우선 어떻게 해결하길 원하는지 자녀에게 물어봅니다.

그리고 나서 학생이나 보호자가 "진심 어린 사과와 재발 방지를 약속한다면, 갈등 조정 모임을 하고 싶어요."라고 해당 학교 측에 연락하면 됩니다.

일단, 상대방 측이 어떻게 해서 갈등을 발생시켰는지, 어떻게 갈등을 해결하길 원하는지 알아야 합니다. 대화를 하다가 갈등이 심화될 수도 있지만, 경청하고 수용하는 대화의 자세를 취하게 되면 대부분 진심은 통하는 경우가 많습니다.

부모들이 많이 놓치는 부분이 있습니다. 바로, 갈등 이후에도 학교생활을 하는 당사자는 부모가 아니라 자녀라는 점입니다. 자녀의 갈등 해결과 관계 회복을 위해서 어떻게 진행되어야 하는지, 그 답은 이미 나와 있습니다.

학교 폭력 퇴치를 위한
실효성 있는 대책 마련 시급

교육부가 2023년 1차 학교 폭력 실태를 조사한 결과, 전체 피해 응답률은 1.9%로 지난해 1차 조사 때에 비해 0.2%p 소폭 늘어난 것으로 나타났습니다. 학교 폭력 피해 유형은 언어 폭력이 37.1%로 가장 높았고, 신체 폭력이 17.3%, 집단따돌림이 15.1%로 그 뒤를 이었습니다. 학교 폭력 피해 유형은 언어 폭력이 41.8%에서 37.1%로, 사이버폭력이 9.6%에서 6.9%로 줄었으나, 신체 폭력은 14.6%에서 17.3%로 늘었습니다.

이 중 사이버폭력에서는 카카오톡, SNS 등의 메신저를 통해 특정 학생을 대상으로 한 따돌림, 괴롭힘 등이 자행되고 있습니다. 특히 카카오톡 채팅방 속에서는 다수의 학생이 동조 및 가담하여 다수 대소수의 가해 행태를 보이고 있습니다. 또 사이버 세계에서의 다툼이 실제 만남으로까지 이어지며, 신체 폭력과 언어 폭력이 병행되는 폭력의 변이 현상이 나타나고 있습니다.

더욱 큰 문제는 사이버상의 익명성을 악용하여 피해 학생에게 지속적이면서도 고의적인 언어 성희롱, 부적절한 합성 사진 투척 등의 사이버폭력이 가해지고 있다는 점입니다. 가해 학생들은 자신이 저지르고 있는 사이버폭력의 심각성을 모르고 있는 경우가 많습니다. 대다수의 학생이 그저 익명이기에 경찰에서도 알아차리지 못할 것이라고 생각하며, 지속해서 범행을 저지르고 있는 것입니다.

스포츠계나 연예계 등에서 연일 밝혀지고 있는, 유명인들의 학교 폭력과 관련된 미투(Me Too) 운동으로 인해 대중들은 충격에 빠져 있습니다. 평소 우리가 알고 있던 이미지와는 너무나 상반된 모습으로 과거에 끔찍한 악행을 저질렀다는 사실이 큰 충격으로 다가오기 때문입니다. 이 학교 폭력 미투 운동은, 고통을 호소하는 피해자들이 과거에 겪은 학교 폭력의 후유증을 사이버 공간을 통해 국민들에게 호소하여 해소하고자 하는 정화 작용이 작동한 것이라고 볼 수 있습니다.

미투 운동의 핵심은 사실 관계 여부의 파악입니다. 거짓된 폭로 내용으로 인하여 자칫하면 엉뚱한 사람이 누명을 쓰는 억울한 일이 벌어질 수도 있기 때문입니다. 그러나 폭로된 내용이 사실일 경우에는 진심 어린 반성과 사과를 통해, 자신의 잘못을 깊이 뉘우치고 있는 모습을 보여 주어야 합니다. 힘듦과 고통을 호소하는 피해자에게 직접 연락하여 상처와 트라우마에 대한 진심 어린 사과를 하고, 용서를 구해야 합니다.

청소년 폭력의 단초를 청소년들만의 문제로 치부하기에는 무리가 있습니다. 아직 완벽한 인격체로 성장하지 않은 청소년들에게는 부모와 교사 등 어른들의 역할이 매우 중요하기 때문입니다. 요즘 청소년들의 대화를 들어 보면 대화 내용의 절반 이상이 욕과 비속어, 줄임말입니다. 일상적으로 사용하는 욕설은 욕으로 받아들이지 않을 만큼 익숙한 대화체가 되어 버렸습니다.

또 청소년들이 좋아하는 게임은 중독성이 강하면서도 폭력적이고 잔혹합니다. 그렇기에 청소년들이 자연스럽게 폭력에 무뎌지는 부정적인 효과를 수용하는 것입니다.

대중 매체의 선한 영향력이 별로 없는 것도 아쉬운 현실입니다. 요즘 TV 채널을 돌리면 나오는 예능, 드라마, 뉴스 속에 등장하는 다양한 사건 및 사고는 폭력적이면서도 선정적인 부분들이 많습니다. 이러한 부분을 여과 없이 방송에 내보내 청소년들에게 폭력은 때론 당연하고 문제없는 것이라는 인식을 심어 주고 있는 실정입니다.

이제는 어른들이 먼저 폭력에 대한 인지 능력을 배양시켜야 합니다. 청소년들이 보고 느끼고, 배우는 모든 부분에서 인성이 먼저라는 것을 인지시켜 줄 수 있는 시스템을 마련해야 합니다.

　폭력은 상대방을 소중한 인격체로 바라보지 않기에 발생하는 것입니다. 따라서 욕설이나 비속어를 사용하지 말고, 상대방에 대한 예의를 갖춰 존중하는 단어들을 사용하는 것부터 시작해야 합니다. 언어가 순화되지 못하면 순식간에 언어 폭력으로 비화되기 십상이기 때문입니다.

미래 사회, 학교 교육의 흐름

교육에는 크게 엄벌주의, 온정주의, 방임주의의 세 가지 흐름이 있습니다. 엄벌주의는 잘못된 행동에 대한 처벌을 강화하여 학생의 잘못된 행동을 바로잡고, 바람직한 행동을 습관화하는 것을 목표로 합니다. 온정주의는 학생의 개성과 자율성을 존중하고, 학생 스스로 올바른 행동을 선택할 수 있도록 돕는 것을 목표로 합니다. 방임주의는 학생에게 모든 책임을 맡기고, 학생 스스로 행동의 결과를 책임지게 하는 것을 목표로 합니다.

미래 사회에서 학교 교육의 주된 흐름은, 엄벌주의와 방임주의의 중간 지점에 위치한 온정주의로 자리 잡을 것으로 예상됩니다. 미래 사회는 급격한 변화와 불확실성이 특징인 사회입니다. 이러한 사회에서 학생들은 스스로 문제를 해결하고, 변화에 적응할 수 있는 능력을 키워야 합니다.

엄벌주의는 학생의 잘못된 행동을 바로잡는 데는 효과적일 수 있지만, 학생의 자율성과 창의성을 저해할 수 있습니다. 그리고 방임주의는 학생의 자율성을 존중하는 데는 효과적일 수 있지만, 학생이 잘못된 행동을 반복하거나 사회에 적응하지 못하는 문제를 야기할 수 있습니다.

반면, 온정주의는 학생의 잘못된 행동을 바로잡고 바람직한 행동을 습관화하는 데 효과적이며, 학생의 자율성과 창의성도 존중할 수 있는 교육 방법입니다. 온정주의는 다음과 같은 원칙을 바탕으로 합니다.

❶ 학생의 개성과 자율성 존중

학생은 타인과 다르게 생각하고, 행동할 수 있는 권리가 있습니다. 따라서 학교는 학생의 개성과 자율성을 존중하고, 학생 스스로 올바른 행동을 선택할 수 있도록 돕습니다.

❷ 학생의 잘못된 행동의 원인 파악

학생의 잘못된 행동에는 여러 가지 원인이 있을 수 있습니다. 그렇기 때문에 학교는 학생의 잘못된 행동의 원인을 파악하고, 그에 맞는 교육과 지도 프로그램을 제공합니다.

❸ 학생의 잘못된 행동을 바로잡는 데 도움을 줌

잘못된 행동을 하였을 때 학교가 학생을 비난하거나 처벌하는 것이 아니라, 잘못된 행동을 바로잡을 수 있도록 도움을 줍니다.

미래 사회에서의 학교 교육은 학생들이 스스로 문제를 해결하고, 변화에 적응할 수 있는 능력을 키우는 데 초점을 맞추어야 합니다. 온정주의는 이러한 교육 목표를 달성하기 위한 효과적인 교육 방법입니다. 그러므로 학교는 온정주의를 바탕으로 한 교육과 지도 프로그램을 운영하여, 미래 사회를 이끌어갈 창의적이고 자율적인 인재를 양성해야 합니다.

이러한 온정주의를 실천하기 위해서는 다음과 같은 노력이 필요합니다.

❶ 교사의 전문성 강화

온정주의를 실천하기 위해서는 교사의 전문성이 필요합니다. 교사는 학생의 개성과 자율성을 존중하고, 학생의 잘못된 행동의 원인을 파악할 수 있는 능력을 갖추어야 합니다.

❷ 학교 문화의 변화

학교 문화는 온정주의를 실천하기 위한 기반이 됩니다. 그래서 학생의 잘못된 행동에 대해 비난이나 처벌보다는, 학생을 지지하고 격려하는 학교 문화를 조성해야 합니다.

❸ 가정과 학교의 연계

온정주의는 학교와 가정의 협력을 통해서 더욱 효과적으로 실천
될 수 있습니다. 학교와 가정은 학생의 성장과 발달을 위해 긴밀하게
협력해야 합니다.

학교 교육의 흐름은 미래 사회의 변화에 따라 지속적으로 변화할
것입니다. 그러나 온정주의는 미래 사회에서도 여전히 중요한 교육
방법으로 자리매김할 수 있을 것입니다.

Foreign Copyright:
Joonwon Lee   Mobile: 82-10-4624-6629
Address: 3F, 127, Yanghwa-ro, Mapo-gu, Seoul, Republic of Korea
          3rd Floor
Telephone: 82-2-3142-4151
E-mail: jwlee@cyber.co.kr

학교 내 갈등, 이렇게 해결하세요

2024. 11. 1. 초 판 1쇄 인쇄
2024. 11. 13. 초 판 1쇄 발행

지은이 | 최우성
펴낸이 | 이종춘
펴낸곳 | [BM]㈜도서출판 **성안당**
주소 | 04032 서울시 마포구 양화로 127 첨단빌딩 3층(출판기획 R&D 센터)
       10881 경기도 파주시 문발로 112 파주 출판 문화도시(제작 및 물류)
전화 | 02) 3142-0036
       031) 950-6300
팩스 | 031) 955-0510
등록 | 1973. 2. 1. 제406-2005-000046호
출판사 홈페이지 | **www.cyber.co.kr**
ISBN | 978-89-315-8342-7 (03330)
정가 | **17,000원**

이 책을 만든 사람들
책임 | 최옥현
진행 | 오영미
교정 · 교열 | 이진영
본문 · 표지 디자인 | 강희연
홍보 | 김계향, 임진성, 김주승, 최정민
국제부 | 이선민, 조혜란
마케팅 | 구본철, 차정욱, 오영일, 나진호, 강호묵
마케팅 지원 | 장상범
제작 | 김유석

■ **도서 A/S 안내**

성안당에서 발행하는 모든 도서는 저자와 출판사, 그리고 독자가 함께 만들어 나갑니다.
좋은 책을 펴내기 위해 많은 노력을 기울이고 있습니다. 혹시라도 내용상의 오류나 오탈자 등이 발견되면 "좋은 책은 나라의 보배"로서 우리 모두가 함께 만들어 간다는 마음으로 연락주시기 바랍니다. 수정 보완하여 더 나은 책이 되도록 최선을 다하겠습니다.
성안당은 늘 독자 여러분들의 소중한 의견을 기다리고 있습니다. 좋은 의견을 보내주시는 분께는 성안당 쇼핑몰의 포인트(3,000포인트)를 적립해 드립니다.
잘못 만들어진 책이나 부록 등이 파손된 경우에는 교환해 드립니다.